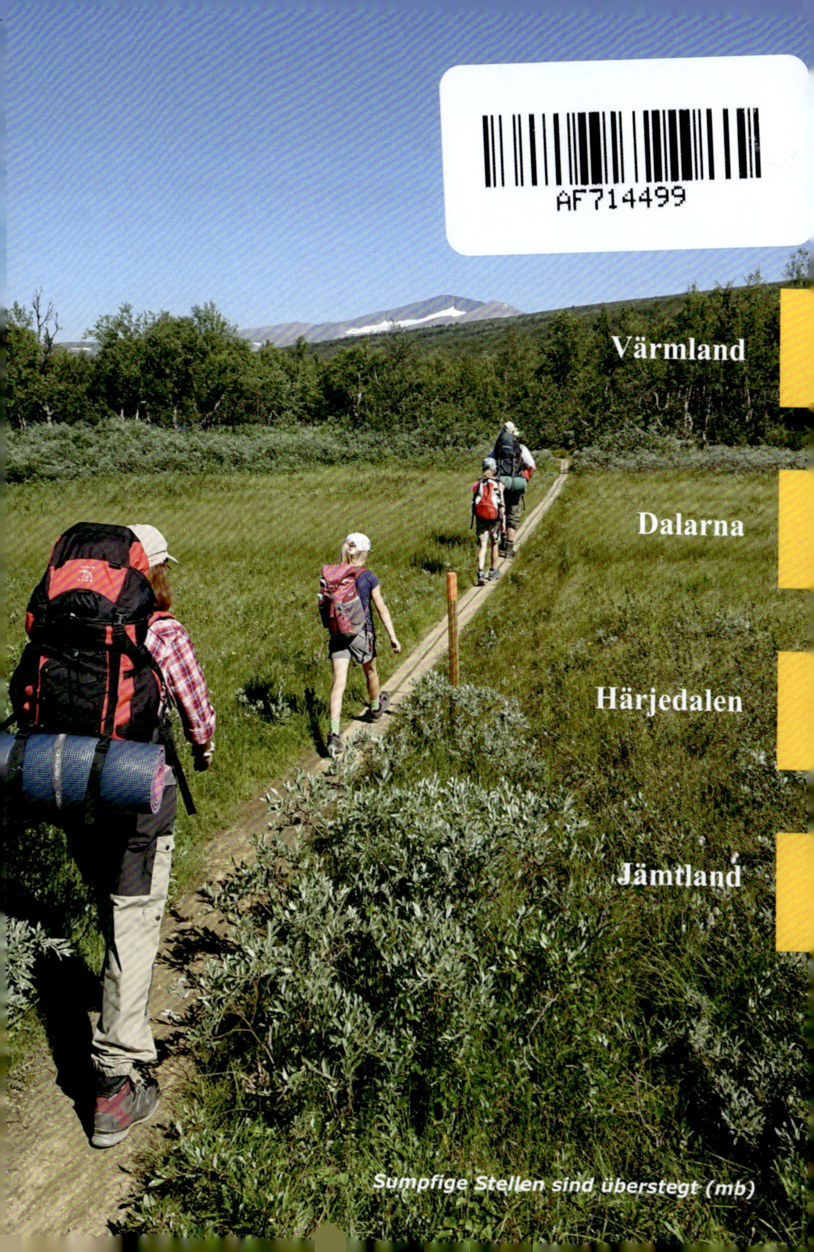

Sumpfige Stellen sind überstegt (mb)

Mittelschweden

Die Autoren und der Verlag sind für Lesertipps und Verbesserungen (besonders per E-Mail) unter Angabe der Auflagen- und Seitennummer dankbar.

Dieses OutdoorHandbuch hat 157 Seiten mit 77 farbigen Abbildungen, 29 farbigen Kartenskizzen sowie 25 farbigen Höhenprofilen und einer farbigen, ausklappbaren Übersichtskarte. Es wurde auf chlorfrei gebleichtem, FSC®-zertifiziertem Papier gedruckt, in Deutschland klimaneutral hergestellt und transportiert und wegen der größeren Strapazierfähigkeit mit PUR-Kleber gebunden.

FSC
www.fsc.org
MIX
Papier aus verantwortungsvollen Quellen
FSC® C009051

Klimaneutral
Druckprodukt
ClimatePartner.com/10951-2007-1008

Dieses Buch ist im Buchhandel und in Outdoor-Läden erhältlich und kann im Internet oder direkt beim Verlag bestellt werden.

OutdoorHandbuch aus der Reihe „Regional", Band 452

ISBN 978-3-86686-640-9 1. Auflage 2020

Text: Dietrich und Sigrid Bender
Fotos: Dietrich und Sigrid Bender und Michaela Brands (mb)
Karten: Dieter Großelohmann
Lektorat: Amrei Risse
Layout: Manuela Dastig

Gesamtherstellung: gutenberg beuys feindruckerei

Dieses OutdoorHandbuch wurde konzipiert und redaktionell erstellt vom:

Conrad Stein Verlag GmbH, Kiefernstr. 6, 59514 Welver,
☏ 023 84/96 39 12, FAX 023 84/96 39 13,
info@conrad-stein-verlag.de,
www.conrad-stein-verlag.de

Besuchen Sie uns bei Facebook & Instagram:

www.facebook.com/outdoorverlag

www.instagram.com/outdoorverlag

Titelfoto: Auf dem Weg zum Helagsgletscher

Inhalt

Einleitung

Einmal in den Weiten der schwedischen Fjälls wandern! Der Blick schweift ungehindert über grüne Fjällheide in die Ferne, wo schneebedeckte Gipfel in den blauen Sommerhimmel ragen. Eine Rentierherde zieht geruhsam an dem sprudelnden Bergbach entlang, der aus den letzten Schneefeldern auf den felsigen Höhen entspringt, und sich seinen Weg die Abhänge hinunterbahnt. Aus seinem klaren Wasser füllen Sie Ihre Trinkflasche, bevor Sie wieder dem ausgetretenen Pfad folgen, der Sie immer weiter hinein in die endlose Fjälllandschaft führt. Und über allem strahlt die Sonne, die abends in der endlosen Dämmerung nicht untergehen will. Welcher Schwedenreisende träumt nicht von Wanderungen im Fjäll? Die wenigsten haben aber die Zeit für lange Touren auf den bekannten Wanderwegen wie Kungsleden oder Padjelantaleden, auf denen man in der Regel mit schwerem Rucksack mehrere Tage von Hütte zu Hütte unterwegs ist.

Mit diesem Wanderführer möchten wir Sie zu kurzen Touren in die Fjälls Mittelschwedens – von Värmland über Dalarna und Härjedalen bis Jämtland – einladen, die leicht mit einem Tagesrucksack zu bewältigen sind. Die Bandbreite reicht dabei von einfachen Spaziergängen bis hin zu sportlichen Herausforderungen, die Länge und Schwierigkeit der Strecken betreffend.

Auf allen Wanderungen erleben Sie typische Fjälllandschaften mit ihren Besonderheiten und ihrer landschaftlichen Schönheit. Die Gebirgslandschaften bestehen aus einzelnen Gebirgsstöcken, die von gerundeten Kuppen und weiten Hochflächen geprägt sind, aus denen in manchen Fjälls schroffe Berggipfel aufragen.

Das Högfjäll, mehr als 1.200 m hoch, liegt oberhalb der Baumgrenze und ist geprägt von niedriger Tundravegetation, kahlen, weiten Flächen, die teilweise mit Blockhalden durchsetzt sind, und schroffen Gipfeln. Schnee kann hier bis weit in den Sommer hinein stellenweise vorkommen, Gletscher bilden sich aufgrund der nördlichen Lage bereits in tieferen Lagen, als man es aus den Alpen gewohnt ist. Unterhalb von 1.200 m spricht man vom Lågfjäll, aus dem große Teile der skandinavischen Berge bestehen. Weite, von Fjällheide überzogene Gebiete bilden hügelige, sanft gerundete Landschaften, die in den unteren Lagen allmählich in Birkenwald übergehen, der hier – wie die Latschenkieferbestände in den Alpen – den Übergang zur Baumzone bildet. Die baumlosen Gebiete der Berge werden auch als Kalfjäll bezeichnet.

Die meisten Strecken sind für Tageswanderer konzipiert, für zwei der beschriebenen Touren brauchen Sie zwei Tage mit einer Zwischenübernachtung und einmal stellen wir Ihnen eine dreitägige Wanderung vor.

Reise-Infos

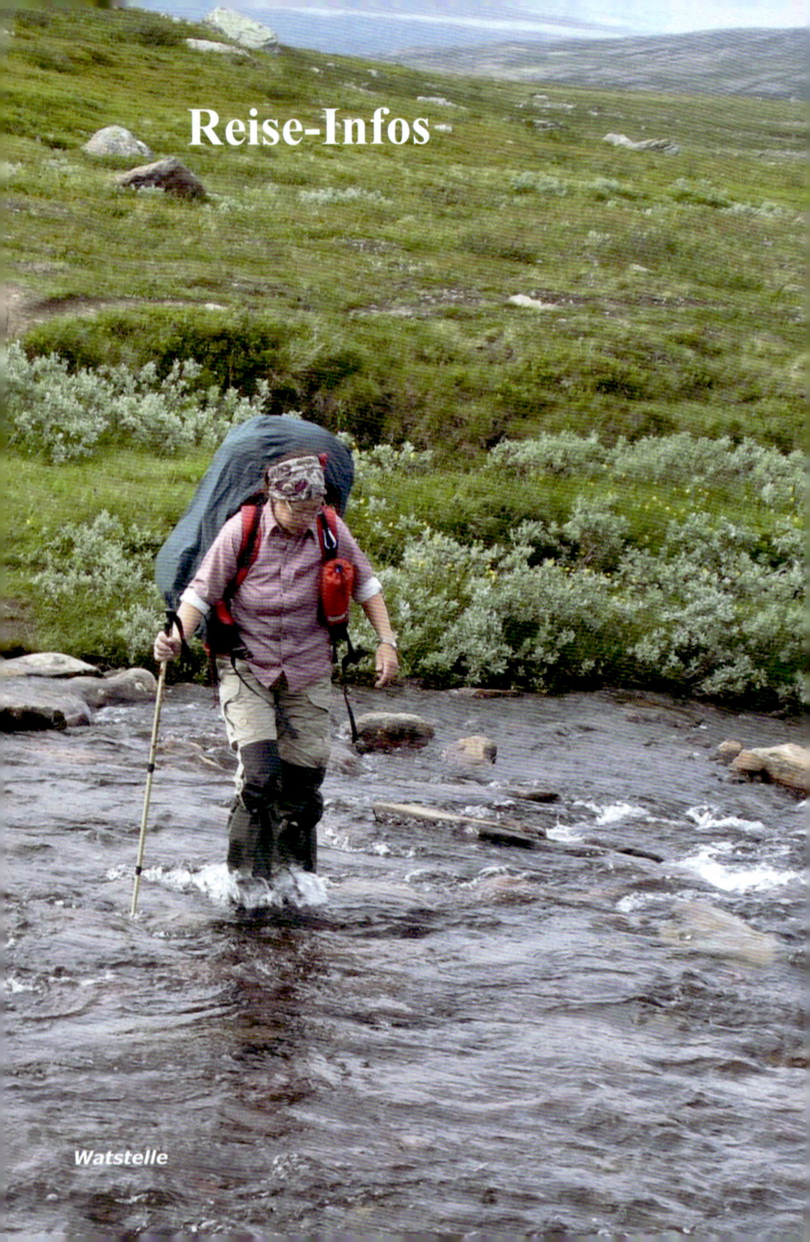

Watstelle

Anreise

Es gibt mehrere große Einfallstore nach Schweden, durch die Sie zu den Wandergebieten in diesem Buch gelangen.

- ▷ Die Fährverbindung der TT-Line von Travemünde nach Trelleborg – bei dieser Verbindung müssen Sie in Schweden allerdings noch weit fahren, bis Sie im südlichsten Fjäll ankommen.
  www.ttline.com
- ▷ Die Vogelfluglinie mit der Fähre zwischen Puttgarden und Rödby und der Weiterreise über die Öresundbrücke – auch hier ist die Weiterreise in Schweden noch lang.
  www.scandlines.de, www.oresundsbron.com
- ▷ Die Fähren der Stena Line von Kiel nach Göteborg: Diese Verbindung erspart es Ihnen, die Strecke zwischen Trelleborg/Malmö und Göteborg fahren zu müssen.
  www.stenaline.de
- ▷ Die Fährverbindung Kiel – Oslo der Color Line: Von Oslo aus erreichen Sie bereits nach drei Fahrstunden das Wandergebiet am Hovfjäll. Die Verbindung hat die höchsten Preise, da die Fährfahrt sehr lange dauert. Dafür erleben Sie aber auch die fantastische Anfahrt durch den Oslofjord.
  www.colorline.de

Bei der Anreise mit dem Auto fahren Sie in Schweden auf der E6 bis Göteborg (es sei denn, Sie haben die Fähre zu dieser Stadt gewählt) und von dort aus auf dem Inlandsvägen, der E45, weiter. Hinter Torsby erreichen Sie bei Vägsjöfors das erste beschriebene Wandergebiet im Hovfjäll. Die weiteren Wandergebiete sind über Straßen zu erreichen, die von der E45 nach Westen in Richtung Norwegen abzweigen.

Bei der Anreise über Oslo gelangen Sie über die E6 und weiter über Straßen, die von dieser abzweigen, nach Osten in Richtung Schweden zu den Fjälls, in denen Sie wandern wollen.

Bei der Anreise mit öffentlichen Verkehrsmitteln müssen Sie mehr Zeit einplanen, um die Wandergebiete zu erreichen. Die Zugverbindungen reichen, von einer Ausnahme abgesehen, nicht bis zu den Wanderzielen im Fjäll. In der Regel muss man vorher auf Busse wechseln. Für das Wandergebiet in Värmland ist dies in Torsby der Fall, für Dalarna in Mora, für Härjedalen in Åsarna. Nur in Jämtland kann man das Gebiet um Sylarna mit dem Zug zwischen Östersund und Trondheim gut erreichen. Lesen Sie dazu bitte auch die Hinweise im Abschnitt ☞ Verkehrsmittel.

Diese Vorschläge geben nur einen Teil der Anreisemöglichkeiten wieder.

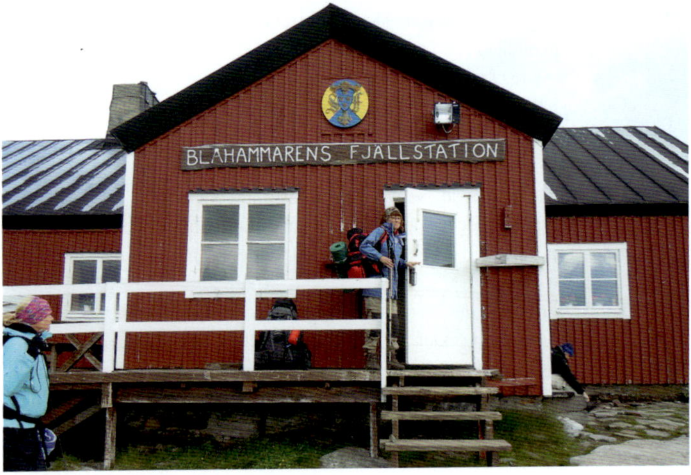

Fjällstation Blåhammaren (Tour 23)

Unterkünfte

Wenn Sie im Fjäll wandern wollen, brauchen Sie eine Ausgangsbasis. Für Wohnmobilfahrer oder Camper ist dies recht einfach, da es genügend Campingplätze in den Wandergebieten gibt. Für Nichtcamper finden sich Übernachtungsmöglichkeiten in Wanderheimen (*vandrarhem*), die oft vom STF (Svenska Turistföreningen), dem schwedischen Touristenverein, betrieben werden, und Hotels. Folgende Empfehlungen können hilfreich sein:

▷ für Värmland: Campingplätze in Vägsjöfors oder Överbyn bzw. Herrgård in Vagsjöfors

▷ für Dalarna: Campingplätze in Särna und Idre, ein sehr einfacher Campingplatz in Mörkret, Stellplätze an der Fjällstation in Grövelsjön, Wanderheime in Mörkret (Fulufjällgården) und Idre (Idrefjällens Sport Hostel), Idre Fjäll Resort sowie die Fjällstation Grövelsjön

- ▷ für Härjedalen: Camping Funäsdalen, Ljungdalen oder Hede bzw. Wanderheime in Funäsdalen und Ljungdalen, Hotel in Hede
- ▷ für Jämtland: Campingplatz in Åre, Unterkunft in der Fjällstation Storulvån. Ein Wanderheim gibt es in Enafors.

Bei den Touren 23, 25 und 26 sind Übernachtungen im Fjäll vorgesehen. Möglichkeiten dazu bieten die Fjällstationen des STF, wo Sie in einfachen Zimmern nächtigen können. Selbstversorger nutzen die Küche, wer es etwas luxuriöser mag, bucht Frühstück oder die Abendmahlzeit (*middag*) dazu, die auf diesen Stationen angeboten werden. Tagsüber besteht die Möglichkeit, kleinere Gerichte oder Waffeln zu bekommen.

Übernachtungen können Sie im Voraus telefonisch bei Fjällbokningen (zentrale Buchungsnummer des STF) unter ☏ +46/(0)1 01 90 23 60 (an Werktagen 9:00-12:00) oder über das Internet (☞ Hinweise bei den Wandertouren) buchen. Mitglieder des STF erhalten Preisvergünstigungen. Informationen darüber finden Sie unter 💻 www.svenskaturistforeningen.se.

Alternativ können Sie im mitgeführten Zelt übernachten. Wenn Sie es in der Nähe der Stationen aufschlagen, können Sie gegen eine Gebühr die Anlagen der Station mitbenutzen.

Verkehrsmittel

Die Startpunkte der meisten in diesem Buch beschriebenen Wanderungen sind leider nicht mit Bus oder Bahn erreichbar. Sollte es doch eine Anbindung an den öffentlichen Nahverkehr geben, finden Sie genauere Anfahrtsbeschreibungen mit Hinweisen zu Bahngesellschaften und Fahrplänen bei den jeweiligen Touren.

Reisezeit

Die beste Zeit zum Wandern liegt zwischen Ende Juni und Ende September. In diesem Zeitraum sind auch viele Fjällstationen und Fjällhütten geöffnet. Die Öffnungszeiten können Sie der Homepage des STF (💻 www.svenskaturistforeningen.se) entnehmen. Davor läuft häufig noch die Schneeschmelze und die Pfade sind kaum gangbar. Ab September muss man mit Nachtfrösten und ersten Schneefällen rechnen. Dafür belohnt die herrliche Laubfärbung den Wanderer, der im Herbst unterwegs ist.

Karten und GPS

Auch auf kurzen Touren im Fjäll empfiehlt sich die Mitnahme einer Wanderkarte zur Orientierung. Die gebräuchlichsten Karten sind bisher die der Serie Fjällkartan, die vom schwedischen Landesvermessungsamt (Landmäteriet) herausgegeben werden und im Maßstab 1:100.000 erhältlich sind. Für den südlichen Teil der Gebirgskette gibt es auch detailliertere Karten im Maßstab 1:50.000. Alle Karten dieser Serien sind mit einer Kombination aus Buchstaben und Nummern gekennzeichnet und über den Buchhandel, Internetanbieter und Touristenbüros vor Ort zu beziehen. Sie sollen allerdings in den nächsten Jahren auslaufen.

Das schwedische Landesvermessungsamt bietet aber auf der Website 💻 kso.etjanster.lantmateriet.se den kostenlosen Download von topografischen Karten aus Schweden für den Eigenbedarf an. Den Ausschnitt und Maßstab kann man dabei selbst festlegen. Die Menüführung erfolgt auf Schwedisch oder Englisch.

Daneben gibt es Wanderkarten von Calazo im Maßstab 1:50.000 oder hochalpine Karten im Maßstab 1:20.000, die über die Geobuchhandlung in Kiel bezogen werden können. Die rechts aufgeführte Kombination aus Buchstaben und Zahlen bezieht sich auf die Übersichtskarte der Geobuchhandlung.

Die Wanderkarten bieten neben der Darstellung der Topografie eines Gebietes Informationen zu Sommer- und Winterwanderwegen, Rasthütten, Übernachtungsmöglichkeiten, Brücken, Hilfstelefonen und Watstellen. Vielfach sind Ortsbezeichnungen in der samischen Schreibweise angegeben. Auf der Rückseite der Karten des Landesvermessungsamtes findet man eine Erklärung der Bedeutung der Begriffe auf Schwedisch. Empfehlenswert sind Karten, die auf imprägniertem Papier gedruckt sind und so auch Regenwetter standhalten. Benutzen Sie stets die neuesten Ausgaben, da die Führung von Wanderwegen manchmal im Laufe der Jahre verändert wird.

Noch ein Hinweis zu den Markierungen auf den genannten Karten: Die Wanderwege, denen Sie folgen, sind in der Regel Sommerwanderwege, die auf den Karten in diesem Buch mit einer durchgezogenen roten Linie gekennzeichnet sind. Auf den entsprechenden Fjäll-/Calazo-Karten erscheinen sie als rot punktierte Linie. Rot gestrichelte Linien stellen dort die Winterwanderwege dar, denen Sie nicht folgen sollten, da bei ihrer Festlegung keine Rücksicht auf Moore oder Teiche, die im Winter gefroren sind, genommen wurde. Fallen beide Wegführungen zusammen, wird dies auf der Karte durch einc durchgezogene rote Linie dargestellt.

Für die einzelnen Wanderungen können Sie die folgenden Karten verwenden:

Tour	**Calazo-Karte 1:50.000**	**1:20.000**
3, 4	C 99 Sälen & Fulufjället	
5, 6	C 97 Idre & Lofsdalen	
7-9	C 96 Grövelsjön & Rogen	
10, 11	C 98 Vemdalen, Sonfjället och Lofsdalen	
12,14 und 16-19	C 95 Funäsfjällen	
15, 20-25 und 27	C 93 Jämtlandstriangeln	
26	C 92 Årefjällen & Storlien	Ar Högalpin karta Åreskutan

Für die Touren 1 und 2 benötigen Sie eine Wanderkarte, die Sie im Internet unter 💻 https://varmlandsleder.se/de/wanderwege/ herunterladen können. Im Touristenbüro in Torsby ist eine Wanderkarte im Maßstab 1: 20.000 erhältlich. Sie können die Karte aber auch von der Infotafel zu Beginn der Wege abfotografieren.

Für die Touren 13 und 14 verwenden Sie bitte die Karten in dem Wanderführer.

Einige der in diesem Führer beschriebenen Wanderwege laufen durch mehr oder weniger flaches Gelände ohne nennenswerte Höhenunterschiede. In diesen Fällen wurde auf die Darstellung eines Höhenprofils verzichtet.

Die Verwendung eines GPS-Gerätes beim Wandern kann Ihnen die Orientierung erleichtern.

GPS-Tracks

Die GPS-Tracks zu den beschriebenen Wegen können Sie von der Internetseite des Verlags (💻 www.conrad-stein-verlag.de) herunterladen.

📖 Tipps zum Umgang mit dem GPS-Gerät finden Sie in dem Ratgeber „**GPS** – Grundlagen · Tourenplanung · Navigation“ von Michael Hennemann, Conrad Stein Verlag, ISBN 978-3-86686-495-5, € 9,90.

☺ Die Kartenempfehlungen wurden von der Geobuchhandlung Kiel überprüft. 💻 www.geobuchhandlung.de

Glossar schwedischer Begriffe auf Hinweisschildern oder Karten

å/ån .... Fluss
brant .... steil
cykelled .... Fahrradtrail
fäbod .... Sennerei
fågeltorn .... Vogelbeobachtungsturm
gömsle .... Versteck
koppeltvång .... Leinenpflicht für Hunde
längdspår .... Langlauftrail
obs .... Achtung
parkering .... Parkplatz
recommonderad .... empfohlen
renbetesområde .... Rentierweidegebiet
sameviste .... Samenlager
säter .... Alm
sjö .... See
skooterled .... Trail für Schneeskooter
spång .... Weg, der mit Stegen versehen ist

stig .... Steig
stuga .... Hütte
topp .... Gipfel
toppstugan .... Gipfelhütte
tur .... Tour
upp .... hinauf
utsikten .... Aussicht
väg .... Weg
vandringsled .... Wanderweg
vatten .... Wasser

Wanderinfrastruktur

✎ In Schweden sind die Sommerwanderwege durch rote Farbflecke auf Steinen oder Bäumen entlang des Weges markiert. Oft werden markierte Steine durch Steinmännchen ergänzt. Bei manchen Wegen finden sich auch spezielle Markierungen durch Symbole. Sollte dies der Fall sein, weisen wir bei der jeweiligen Tour darauf hin. In Norwegen markiert ein rotes T, das ebenfalls in regelmäßigen Abständen auf große Steine gemalt wird, die Sommerwanderwege.

Norwegische Wegmarkierung

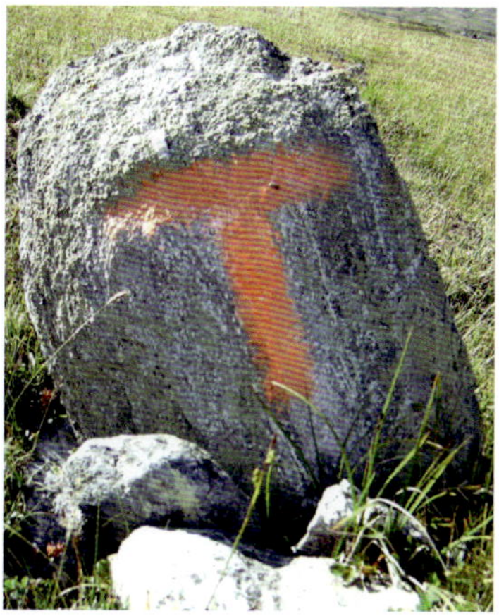

Winterwanderwege haben in Schweden ein rotes Kreuz, das auf einer Stange montiert ist, als Kennzeichen und führen oft viel gerader durch die Landschaft als die Sommerwanderwege, die sich stärker an der Beschaffenheit des Geländes orientieren müssen. In Norwegen markiert man Winterwanderwege oft nur mit einer Stange oder einem in den Schnee gesteckten großen Zweig.

Wanderwege im Fjäll bezeichnet man besser als Wanderpfade oder Steige. Befestigte Wege findet man nur auf sehr kurzen Strecken, der größte Teil der Wege besteht aus ausgetretenen Pfaden, die entlang der Wegmarkierungen oder

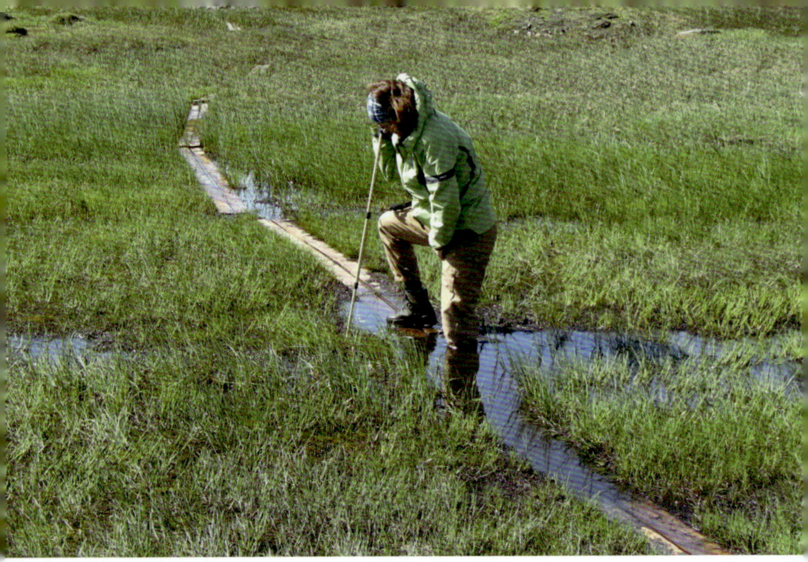

Sumpf kann tief sein

unmarkiert durch das Gelände führen. Manchmal sind sie breit ausgetreten, meist aber nur ein schmaler Streifen durch Fjällheide oder Birkenwald. Wird das Gelände durch sumpfige Stellen oder Geröllfelder schwierig, verzweigen sich die Trittspuren oft, weil jeder Wanderer sich hier seinen eigenen Weg sucht.

Manche sumpfige oder nasse Stellen in Feuchtwiesen oder Mooren sind mit Bohlen versehen, die das Vorwärtskommen erleichtern. Es ist ratsam, auf den Bohlenwegen zu bleiben, denn ein Fehltritt kann Sie in Schwierigkeiten bringen. Sie werden nicht versinken, aber große Mühe haben, den eingesunkenen Fuß wieder freizubekommen.

Bei vielen Touren weisen wir auf schöne Rastplätze unterwegs hin, die aber in der Regel nicht mit Tisch und Sitzgelegenheiten ausgebaut, sondern einfach nur schön gelegene Plätze in der Natur sind.

Auf längeren Wanderwegen findet sich oft in der Mitte der Strecke eine Schutzhütte. Es handelt sich dabei um kleine Holzhütten mit einer Pritsche, einem Tisch und einem Holzofen. In der Regel finden sich hier auch Trockentoiletten und ein Nottelefon. Bei schlechtem Wetter bieten sie die Möglichkeit, trocken und warm zu rasten. Für Übernachtungen sind sie nicht vorgesehen.

Jedermannsrecht

Das Jedermannsrecht (*allemansrätten*) ist ein traditionelles Gewohnheitsrecht in Schweden, das den Aufenthalt in der Natur und deren Nutzung durch den Menschen regelt. Es gibt Ihnen viele Freiheiten, verlangt aber auch, dass Sie diese verantwortungsvoll nutzen. Für Fjällwanderungen bedeutet das:

- ▷ Sie können frei auf allen Wanderwegen, aber auch abseits der Wege wandern.
- ▷ Sie dürfen Beeren und Blumen pflücken, sofern diese nicht zu geschützten Arten gehören. Das Gleiche gilt auch für Pilze.
- ▷ Bei einer Rast können Sie ein Feuer anzünden. Abgefallene trockene Zweige und Äste dürfen dabei verwendet werden. Informieren Sie sich aber vorher über die jeweils geltenden Brandbestimmungen. In trockenen Sommern kann es wegen der Waldbrandgefahr verboten sein, Feuer zu machen (*eldningsförbud*). Achten Sie darauf, das Feuer am besten auf sandigem oder lehmigem Untergrund anzulegen. Löschen Sie es sorgsam, wenn sie weitergehen, damit es sich nicht unbemerkt ausbreiten kann.
- ▷ Sie dürfen zur Übernachtung im Fjäll zelten. Achten Sie darauf, den Boden nicht zu zerstören und keine Abfälle zu hinterlassen.
- ▷ Sie können Hunde mitführen, müssen sie aber so beaufsichtigen, dass Wildtiere nicht von ihnen gejagt werden können. Zwischen dem 1. März und dem 20. August sowie in Gebieten mit Rentierzucht herrscht Leinenzwang.
- ▷ In Nationalparks können diese Rechte eingeschränkt sein. Informieren Sie sich vor einer Wandertour darüber.

Wenden Sie das Jedermannsrecht verantwortungsvoll an, damit es auch in Zukunft erhalten bleibt.

Besonderheiten beim Wandern im Fjäll

Ausrüstung

Für Tagestouren im Fjäll ist grundsätzlich die gleiche Kleidung und Ausrüstung wie für das Langstreckenwandern notwendig. Da auch im Sommer mit plötzlichen Wetterumschwüngen zu rechnen ist, hat sich das Zwiebelprinzip bewährt.

Ein leichter Tourenrucksack (20-30 l) mit gutem Tragekomfort bietet genügend Platz für alles, was man auf diesen Touren braucht. Regenschutzkleidung und warme Kleidung für Kälteeinbrüche sind ein Muss. Mückendichte Stoffe bei Hosen und Hemden schützen Sie vor Stichen.

Sie sollten knöchelhohe Wanderstiefel mit gutem Profil und fester Sohle tragen, die Trittsicherheit auf steinigen Wegen und im Geröll bieten. Goretex-Schuhe bieten bei flachen Watstellen die notwendige Dichtigkeit. Auf Wanderungen, bei denen man mit tieferen Watstellen rechnen muss, sollten Watschuhe mitgeführt werden. Ein Wanderstock gibt beim Waten und bei steinigen, abschüssigen Passagen Sicherheit.

Denken Sie beim Packen an Mückenschutzmittel, Sonnencreme sowie Verbandszeug mit Wunddesinfektionsspray. Mit einer Sitzunterlage oder Isomatte können die Pausen auch im unwirtlichen Gelände oder bei schlechtem Wetter genossen werden.

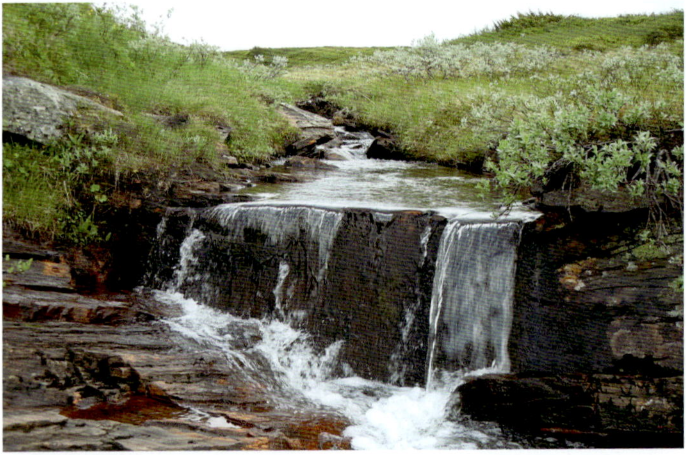

Trinkwasser gibt es fast überall

Verpflegung und Trinkwasser

Auf den meisten Touren im Fjäll gibt es keine Einkehrmöglichkeit, sodass Sie auf Ihren mitgeführten Proviant angewiesen sind. Dies sollte beim Zusammenstellen der Tagesverpflegung für die Tour bedacht werden. Der Proviant muss der Dauer und dem Energieverbrauch der jeweiligen Tagestour entsprechen sowie auf die Wetterverhältnisse abgestimmt werden. Für mögliche Notfälle ist eine Essensreserve hilfreich.

In der Regel können Sie im Fjäll aus den fließenden Gewässern trinken, ohne das Wasser vorbehandeln zu müssen. Hierzu sollte jeder Wanderer sein eigenes Trinkgefäß dabeihaben – ideal ist eine *kåsa* (schwedisches Trinkgefäß aus Holz oder Kunststoff), die Sie mit einem Karabiner an Ihrem Rucksack befestigen können. Bei einer Rast am Bach lässt sich das Wasser leicht durch Vitaminbrausetabletten, Zitronentee zum Anrühren, Instantgetränkepulver oder die schwedische, kalt anzurührende Blaubeersuppe verfeinern.

Erkundigen Sie sich im Zweifelsfall aber vor Ort bei Touristenbüros, Fjällstationen oder Hotels nach den Gegebenheiten. Beachten Sie folgende Hinweise:

- ▷ Nehmen Sie kein Wasser aus kleineren stehenden Gewässern.
- ▷ Je höher die Fließgeschwindigkeit und je größer die Wassermenge eines Baches, desto eher ist das Wasser trinkbar.
- ▷ Trinken Sie nicht aus Gewässern in der Nähe von Ortschaften.

Ein gewisses Risiko bleibt immer bestehen. Sie können nie ausschließen, dass z. B. weiter oberhalb im Wasserlauf ein Tierkadaver liegt. Wenn Sie Zweifel haben, behandeln Sie das Wasser lieber mit Filtergeräten oder Tabletten, bevor Sie es trinken. Falls unterwegs keine Nachfüllmöglichkeiten für Wasser bestehen, sollten Sie ca. 2 l mit sich führen.

Wetter

Das Wetter im Fjäll kann auch in den Sommermonaten rau sein und schnell wechseln. Regenfälle sind keine Seltenheit. Selbst im Sommer sind Kälteeinbrüche und Schneefall in höheren Lagen möglich. Deshalb sollten Sie sich vor jeder Tour über die Wetterlage informieren.

Dafür gibt es verschiedene Möglichkeiten:

- ▷ Hotels, Fjällstationen und Campingplätze haben oft einen Aushang mit den neuesten Wetterprognosen für die nächsten Tage.
- ▷ Nutzen Sie die Wetterdienste im Internet. Die bedeutendsten sind:
  - für Schweden: SMHI, 💻 www.smhi.se
  - für Norwegen: YR, 💻 www.yr.no

Berücksichtigen Sie bei der Planung Ihrer Touren stets die Wetterprognose. Besonders im Kalfjäll haben Sie bei schlechten Wetterbedingungen oft keine Sicht. Selbst mit einer guten Ausrüstung werden Sie bei tiefen Temperaturen und hartem Wind wenig Freude an Ihrer Wanderung haben. Denken Sie auch daran, dass selbst eine gute Prognose keine Garantie für gutes Wetter ist.

Watstellen

Einige der vorgestellten Touren enthalten Watstellen. Halten Sie sich an folgende Hinweise, damit Sie sicher auf die andere Seite kommen:

▷ Waten Sie stets an der breitesten Stelle. Dort ist das Wasser in der Regel flach und die Strömung schwach.

▷ Waten Sie nicht, wenn das Wasser über Ihre Knie reicht.

▷ Waten Sie niemals barfuß. Die Füße werden im kalten Wasser gefühllos und Sie haben keinen Halt auf rutschigen Steinen im Untergrund. Benutzen Sie zum Waten Sandalen, Turnschuhe oder Überschuhe für Ihre Wanderstiefel, wenn der Wasserlauf sich nicht mit Stiefeln allein queren lässt.

▷ Setzen Sie den Wanderstock ein, um die Balance zu halten.

▷ Gehen Sie schräg bachaufwärts. So ist die Gefahr am geringsten, dass die Strömung Ihre Füße wegdrückt.

▷ Wenn Sie einen Rucksack mit Hüftgurt tragen, öffnen Sie den Gurt vor dem Waten. So können Sie bei einem Sturz leichter den Rucksack absetzen.

Bei länger anhaltenden Regenfällen können auch kleine Bäche eine starke Wasserführung haben, die das Waten schwierig macht.

Begegnungen mit Tieren

Bei Ihren Wanderungen werden Sie in der Regel Möglichkeiten zu Tierbeobachtungen haben. Die meisten Wanderer träumen von einer Begegnung mit dem König der Wälder, dem Elch. Speziell in den Abendstunden steigen die Chancen dafür. Halten Sie aber Abstand, speziell eine Elchkuh mit Jungen kann schnell aggressiv werden, wenn sie sich bedroht fühlt.

Auch wenn die beschriebene Wandertour im Sånfjäll durch ein Gebiet mit hoher Bärenpopulation führt, werden Sie Braunbären kaum zu Gesicht bekommen. Dennoch gibt es in jedem Jahr Begegnungen mit diesen scheuen Tieren. Auch hier gilt die Grundregel: Abstand halten, dem Tier nicht den Weg versperren, sondern ruhig ausweichen.

Rentiere werden Sie dagegen auf Ihren Wanderungen oft sehen. In vielen Wandergebieten wird Rentierzucht durch die ortsansässigen Samen betrieben. Die Tiere weiden dabei die meiste Zeit im Jahr frei im Gelände. Im Sommer sind sie oft in höheren Lagen auf Schneefeldern zu finden, wo sie Kühlung und Schutz vor der Mückenplage suchen. Achten Sie bei Begegnungen mit ihnen darauf, sie nicht zu stören.

- Halten Sie Abstand zu den kleineren oder größeren Herden, damit die Tiere in Ruhe weiden können.
- Je weniger Lärm Sie machen, desto weniger fühlen sich die Tiere gestört.
- Quert eine Gruppe von Rentieren vor Ihnen den Wanderweg, warten Sie, bis der Weg wieder frei ist, oder umgehen Sie die Herde. Wenn Sie weiterlaufen, besteht die Gefahr, dass die Herde sich zerstreut. Dies ist dann besonders wichtig, wenn die Herde zu Markierungsarbeiten von Rentierwächtern (*renvaktare*) zu den Sammelplätzen in ein Gehege (*rengärde*) getrieben wird. Die ärgerliche Reaktion der Samen ist sonst unausweichlich.
- In Gebieten mit Rentierzucht sind Sie verpflichtet, Ihren Hund stets an der Leine zu führen. Frei laufende Hunde werden von Rentieren als starke Bedrohung angesehen. Die Herden können in Panik geraten und unkontrolliert flüchten.

Rentierbegegnung

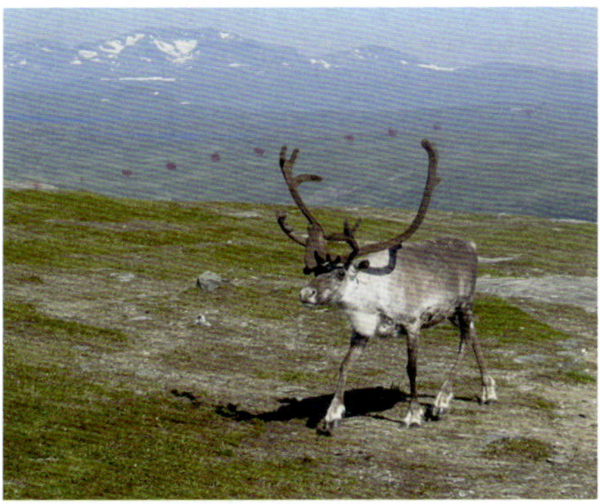

„Mücken müssen Sie mögen!" In Schweden sollen etwa fünfzig Arten von Mücken vorkommen. Regelrechte Mückenplagen gibt es jedoch nicht in jedem Jahr und nicht an jedem Ort. Sie sind abhängig von den Wetterlagen im Winter, Frühjahr und Sommer. Bei Fjällwanderungen werden Sie es am ehesten mit den kleinen Plagegeistern zu tun bekommen, solange Sie unterhalb der Baumgrenze wandern. Wenn dann der Boden noch feucht und sumpfig ist kann es bei Windstille durchaus passieren, dass die Mücken Ihnen lästig fallen. Meist geschieht dies bei einer Rast. Solange Sie in Bewegung sind, werden Sie weniger Probleme haben. Deshalb empfiehlt es sich, den Rastplatz gut zu wählen. Die Nähe zu stehenden Gewässern oder moorigen Flächen sollte vermieden werden. Suchen Sie freie Lichtungen, wo der Wind etwas weht. Sobald Sie das Kalfjäll erreicht haben, lässt die Mückenplage nach, denn der hier oben wehende Wind sorgt dafür, dass die Mücken in der niedrigen Vegetation Schutz suchen.

Unangenehm sind auch die sogenannten *knott*, sehr kleine Mücken, die auch als Kriebelmücken bekannt sind. Darüber hinaus treten vor allem in der Nähe von Gewässern Bremsen auf, deren Stich schmerzhaft sein kann.

Mit geeigneten Maßnahmen können Sie sich jedoch vor allen Mücken schützen:

- Tragen Sie ein Mückenschutzmittel auf. Wir haben mit Autan gute Erfahrungen gemacht. In Schweden bekommt man Dschungelolja, ein wirksames, sich aber schmierig anfühlendes Einreibemittel, sowie Produkte mit Beckolja, das jedoch einen durchdringenden Geruch nach Holzteer hat und nicht nur die Mücken, sondern auch die Mitwanderer auf Abstand hält.
- Wählen Sie mückendichte Kleidung, deren Stoff kein Mückenstich durchdringt. Outdoorausrüster werben hier mit speziellen Stoffen. Auch ein Hut mit integriertem Mückennetz kann gute Dienste leisten, wenn Sie das vor dem Gesicht hängende Netz nicht stört.
- Wandern Sie nicht in den Abendstunden. Wenn die Sonne untergeht und der Wind einschläft, werden die Mücken erst recht aktiv.

In den Sommermonaten verstärkt sich die Mückenplage von Monat zu Monat. Im Herbst, speziell nach den ersten Nachtfrösten, ist sie verschwunden.

Notfälle

Auch bei kurzen Touren im Fjäll können Unglücksfälle auftreten, bei denen Hilfe notwendig wird. Nicht überall können Sie per Telefon Hilfe anfordern, deshalb ist es sinnvoll, vor der Wanderung eine Nachricht zu hinterlassen, aus der hervorgeht, welche Tour Sie beabsichtigen (*färdmeddelande*). Diese können Sie in Ihrer Unterkunft oder bei Ihren Angehörigen hinterlassen.

In einer solchen Mitteilung sollten folgende Angaben enthalten sein:

- Datum
- Teilnehmer (Anzahl und Namen, eventuell, ob Kinder dabei sind)
- welche Route Sie gehen
- wann Sie voraussichtlich zurück sein werden

Sind Sie zum vereinbarten Zeitpunkt nicht zurück, wird nach diesen Angaben die Fjällrettung verständigt, um eine Suchaktion einzuleiten Besonders wenn Sie alleine wandern und dazu noch selten begangene Wege nehmen, ist dies von

Bedeutung. Vergessen Sie nicht, sich bei demjenigen zurückzumelden, bei dem Sie die Mitteilung hinterlassen haben.

Die Empfangsmöglichkeiten für Mobiltelefone sind im Fjäll sehr unterschiedlich. Oft ist man außer Reichweite der Sendemasten. Für Notfälle gibt es in den Hüttenstationen und auch in vielen Rasthütten ein Nottelefon, über das Sie direkt Verbindung mit der Polizei bekommen, die den Notruf weiterleitet. Ansonsten erreichen Sie unter der ☏ 112 die Rettungsdienste.

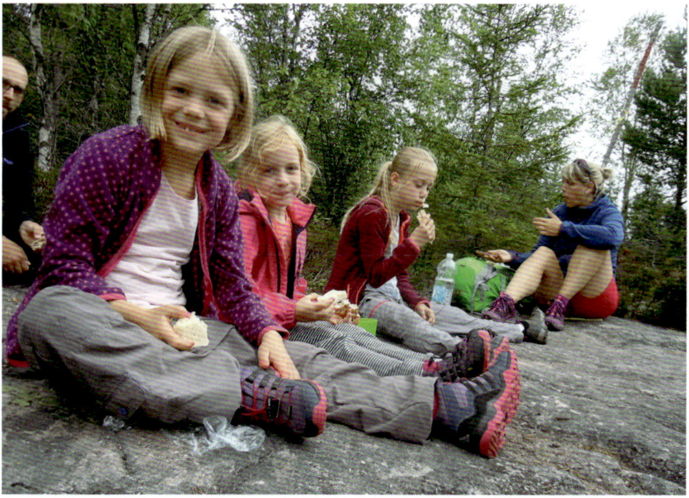

Auch Kinder wandern gern (mb)

Wandern mit Kindern

Kinder können ab 5-6 Jahren bei einer Tagestour ins Fjäll mitwandern. Mit kleineren Kindern empfehlen sich nur die leichten, kurzen Touren, es sei denn, Sie nehmen die Kleinen in einer Rückentrage mit.

Da es kaum befestigte Wege gibt, stellen die Touren Anforderungen an Körperbeherrschung, Kondition und Durchhaltevermögen. Auf manchen Wanderungen ist eine gewisse Trittsicherheit bei Watstellen oder steinigen Strecken notwendig.

Bei einer Fjälltour genießen Kinder die Weite der Landschaft und somit ein ungewohntes Freiheitsgefühl. Alle Kinder haben einen Riesenspaß daran, sich eigene Wege zu suchen und die Umgebung zu entdecken. Im Kalfjäll, wo man meilenweite freie Sicht hat, können Sie Ihre Lieblinge meist frei umherstreifen lassen. Nichts ist schöner, als zwischen kleinen Wasserläufen und niedrigem Weidengestrüpp auf eigene Faust herumzustrolchen, auf Felsen zu klettern und spielerisch das Gelände zu erkunden. Wenn dann plötzlich ein paar Rentiere auftauchen oder ein Schneehuhn aufflattert, ist das Abenteuer da. Wir konnten häufig beobachten, wie sehr diese Atmosphäre die kindliche Fantasie angeregt hat und die Kinder mit allen Sinnen in die Landschaft eintauchen konnten. Wenn an warmen Wandertagen noch das Element Wasser dazukommt und sie in kleinen Bächen spielen oder planschen können, ist der Wandertag perfekt. Suchen Sie also nach Raststellen in der Nähe kleiner Wasserläufe.

Jedes Kind ist über eine eigene *kåsa* glücklich. Diese wird mit einer Schnur versehen und mit einem Karabinerhaken am Kinderrucksack befestigt. So können die Kids unterwegs selbst Wasser aus sauberen Bächen schöpfen. Ein Lagerfeuer bei der Mittagsrast, an dem Brot geröstet werden kann, ist der Höhepunkt jeder Wanderung.

Während kleinere Kinder gerne in der Nähe der Eltern bleiben und oft pausenlos plaudern und fragen, haben Ältere viel Spaß am Vorauslaufen. Sie möchten gern eigene Wege gehen und sich selbst anhand der Wegmarkierungen orientieren. Je nach Route kann dem entsprochen werden. Kinder sollten aber in Sicht- und Rufweite bleiben sowie unbedingt an Abzweigungen warten. Solange Sie in Waldgebieten wandern, besteht die Gefahr, dass sich auch größere Kinder schnell verlaufen, wenn sie die Pfade verlassen. Der Birkenwald sieht überall gleich aus. Aus Erfahrung raten wir Ihnen: Schärfen Sie Ihren Kindern ein, dass sie unbedingt stehen bleiben müssen, wenn sie den Weg nicht mehr finden und das Gefühl haben, sich verirrt zu haben. Nur so haben Sie eine Chance, Ihre Kinder bei einer Suchaktion schnell wiederzufinden.

Die meisten Kinder freuen sich, wenn sie auf Besonderheiten auf dem Weg oder auf seltene Tiere und Pflanzen aufmerksam gemacht werden. Kindgemäße Bestimmungsbücher motivieren zur Erforschung der Pflanzen- und Tierwelt. Genauso viel Freude bereitet es ihnen, wenn sie als Erste z. B. ein Hinweisschild entdecken. Die Suche nach etwas Markantem motiviert zum Weiterlaufen.

Wandern mit Hunden

Auf Wanderungen ist ein Hund der ideale Begleiter. Fjällwanderungen finden jedoch unter anderen Bedingungen statt als Spaziergänge in deutschen Mittelgebirgen. Die Bodenbeschaffenheit der Wege stellt – abhängig von der Hunderasse – hohe Anforderungen an die Pfoten. Speziell steinige Pfade können empfindlichen Pfoten schnell schaden. Verwenden Sie gegebenenfalls Booties zu ihrem Schutz.

Watstellen mit tieferem Wasser und stärkerer Strömung sind speziell für kleinere Hunde manchmal schwer zu passieren. Ist Ihr Hund zu schwer, um getragen zu werden, sichern Sie ihn mit einem Trekkinggeschirr und einer Leine. Dies ist auch bei den Hängebrücken auf den Wanderwegen von Vorteil, die oft einen Gitterboden aus Metall und nur wenig seitliche Sicherung in Höhe des Hundes haben.

Auf mit Planken versehenen Pfaden, die man oft bei moorigen Stellen findet, ist es vorteilhaft, wenn Ihr Hund auf Kommando hinter Ihnen auf den Planken läuft, statt seinen Weg durch den Sumpf daneben zu suchen. Abgesehen von der Verschmutzung des Fells läuft er dabei auch Gefahr, stecken zu bleiben.

Fjällwanderungen sind für Ihren Hund anstrengend. Niedrige Temperaturen, die im Fjäll auch im Sommer auftreten, sowie Nässe und Wind können, besonders bei kurzhaarigem Fell, eine Belastung darstellen. Schützen Sie Ihren Hund bei Bedarf dagegen mit einem Hundemantel. Nehmen Sie energiereiche Snacks mit. Für Trinkwasser ist auf den meisten Touren durch die vielen Bäche in der Natur gesorgt. Soll Ihr Hund bei mehrtägigen Touren sein Futter selbst tragen, trainieren Sie das Tragen des Hunderucksacks vorher. Die kleinen Geschäfte (*butik*) in den Fjällstationen führen in der Regel kein Hundefutter.

Schützen Sie Ihren Hund gegen Mückenstiche mit entsprechenden Mitteln. Auf mehrtägigen Touren empfiehlt es sich, prophylaktisch gegen eventuelle Verletzungen pfotenpflegende Creme, Verbandszeug, Schmerzmittel und Antibiotika mitzunehmen. Der Weg zum nächsten Tierarzt ist meist weit.

Denken Sie auch daran, Ihren Hund den jeweiligen Bestimmungen entsprechend angeleint zu führen. Nehmen Sie Ihren Hund generell nur mit, wenn er ausgewachsen ist und über die nötige Kondition verfügt.

Updates

Der Conrad Stein Verlag veröffentlicht Updates zu diesem Wanderführer, die direkt vom Autor oder von den Lesern des Buches stammen. Sie finden diese auf der Verlagshomepage 💻 www.conrad-stein-verlag.de. Der abgebildete QR-Code führt Sie direkt dorthin.

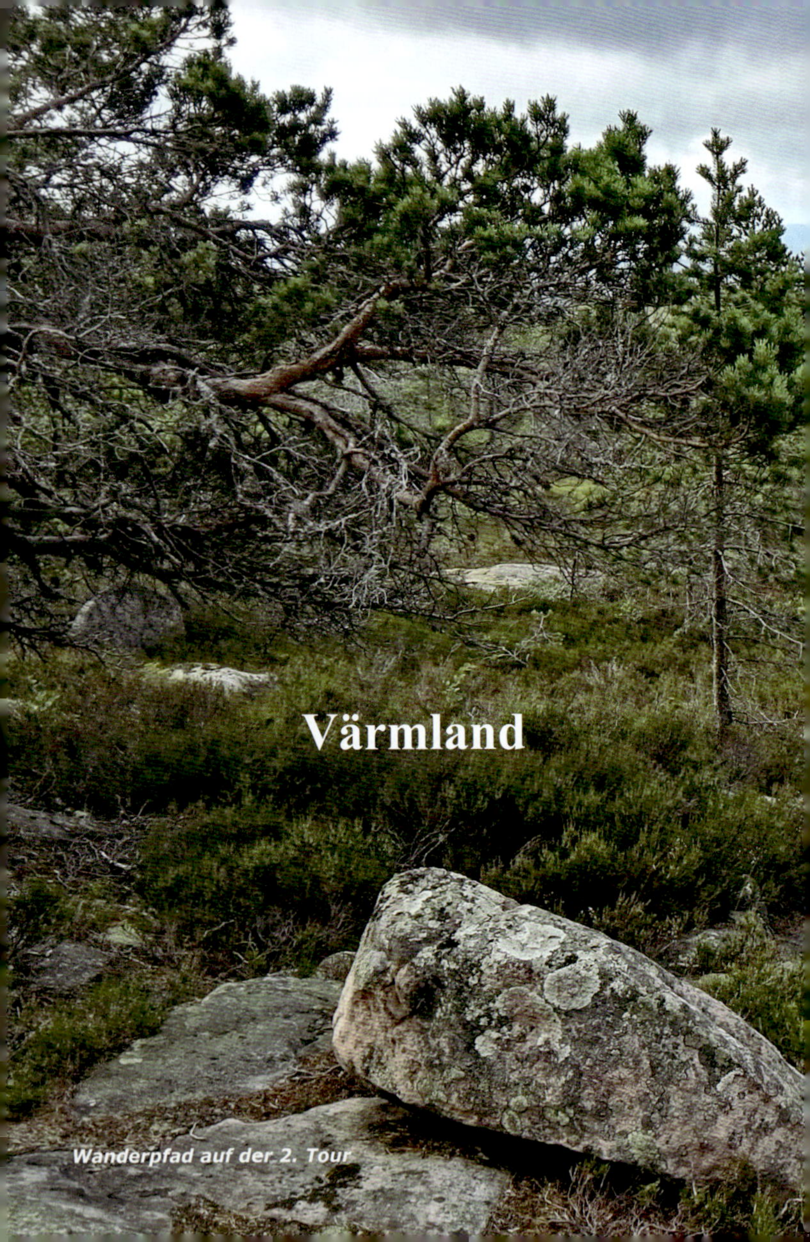

Wanderpfad auf der 2. Tour

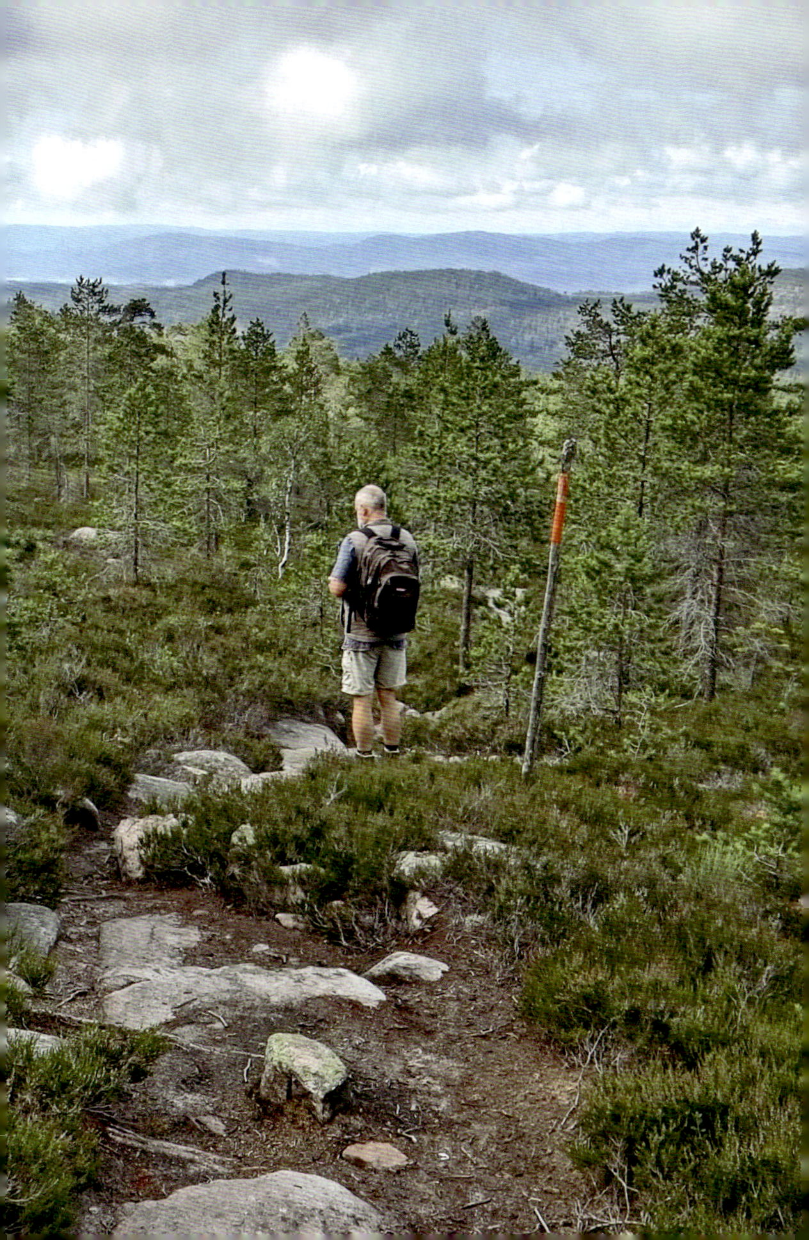

1 Hovfjällrunde mit Orchideen, Hochmoor und Sonnentau

Tour im Lågfjäll auch für Familien mit älteren Kindern

Die Rundtour führt Sie über die Höhen des Fjälls, wobei Sie in urwaldartige Wälder eintauchen. An manchen Stellen öffnen sich schöne Panoramablicke über die Wälder Värmlands. Steile steinige Passagen über felsigen Grund bringen Sie auf den Gipfel des Hovfjälls. Botanisch interessant sind die Orchideen am Weg und das kleine Hochmoor vor dem Gipfel mit dem dort vorkommenden Sonnentau, einer fleischfressenden Pflanze.

Start/Ziel: Parkfläche an der Vallabod am Ensammentjärn, GPS N 60°17.979′ E 012°57.789′

6 km

2 Std. 30 Min.

165 m/165 m

368-533 m

beschildert, teilweise Symbolmarkierung, rote Markierungen an Steinen und Bäumen

schmaler Pfad, teilweise über Wurzeln, steil und steinig mit nassen Stellen, die oft mit Stegen versehen sind

Rastplatz Dammen (km 3,1)

WC Toilette am Parkplatz bei den Liftanlagen (km 5,3)

Der steile Anstieg gegen Ende der Tour ist für größere Kinder eine sportliche Herausforderung, kleinere müssten getragen werden. Am Rastplatz bietet ein Bach Spielmöglichkeiten am Wasser.

Für größere Hunde ist die Wanderung geeignet. Wasser findet sich entlang des Weges an mehreren Stellen.

P Gebührenfreier Parkfläche kurz vor dem Gipfel, wo sich an der Vallabod die Fahrbahn teilt. Anfahrt: Sie fahren auf der E45 von Torsby aus in nördliche Richtung. Hinter der Ortschaft Överbyn biegen Sie links ab und folgen der Beschilderung „Naturreservat Hovfjället". Die asphaltierte Straße führt Sie auf die Höhe bis zum Parkplatz am Wanderportal des Naturreservats.

Achten Sie bei der Anfahrt hinauf aufs Fjäll auf Skilangläufer, welche die Straße als Trainingsgelände für ihr sommerliches Training auf Rollskiern benutzen und Ihnen zum Teil mit erheblichem Tempo entgegenkommen.

Als Alternative bietet sich eine größere Runde an, die der ausgeschilderten Björnåsrundan folgt.

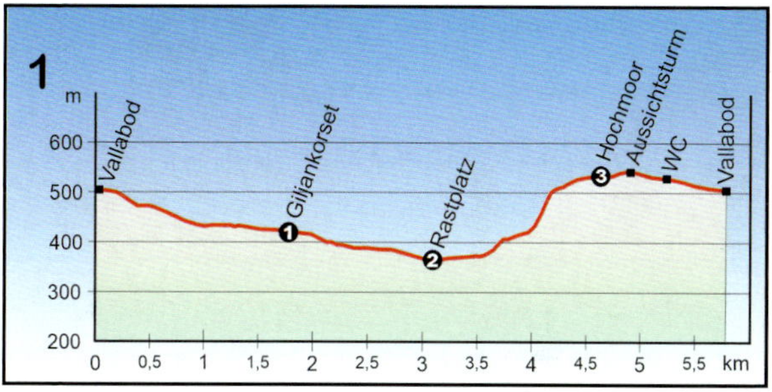
1
m
600
500
400
300
200
0
0,5
1
1,5
2
2,5
3
3,5
4
4,5
5
5,5
km
Vallabod
Giljankorset
Rastplatz
Hochmoor
Aussichtsturm
WC
Vallabod

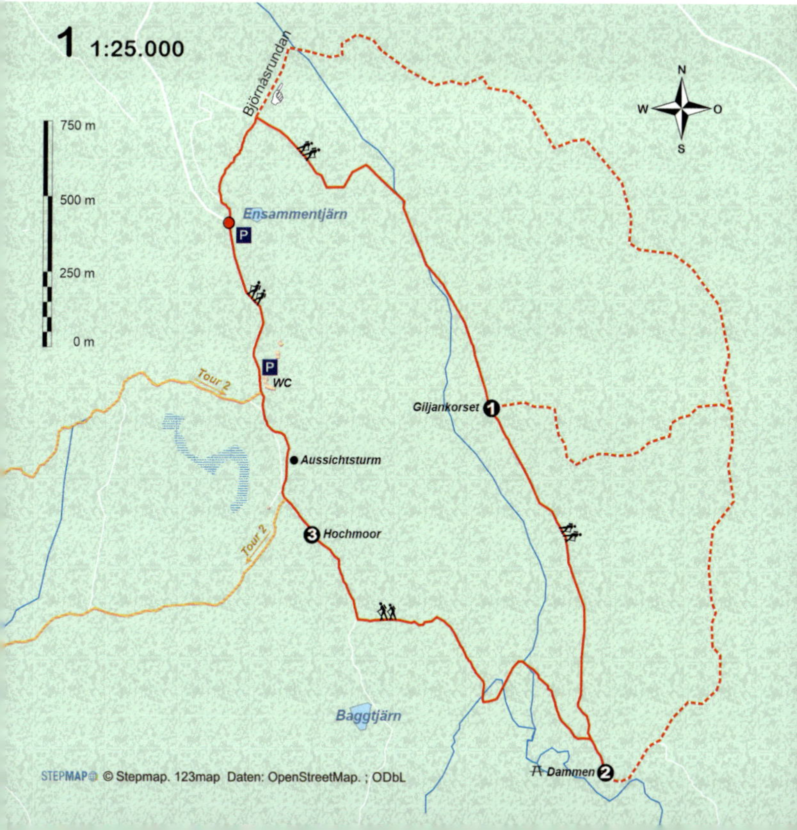
1 1:25.000
750 m
500 m
250 m
0 m
N
W
O
S
Björnåsrundan
Ensammentjärn
P
P
WC
Tour 2
Tour 2
Aussichtsturm
Hochmoor
Giljankorset
Baggtjärn
Dammen
STEPMAP © Stepmap. 123map Daten: OpenStreetMap. ; ODbL

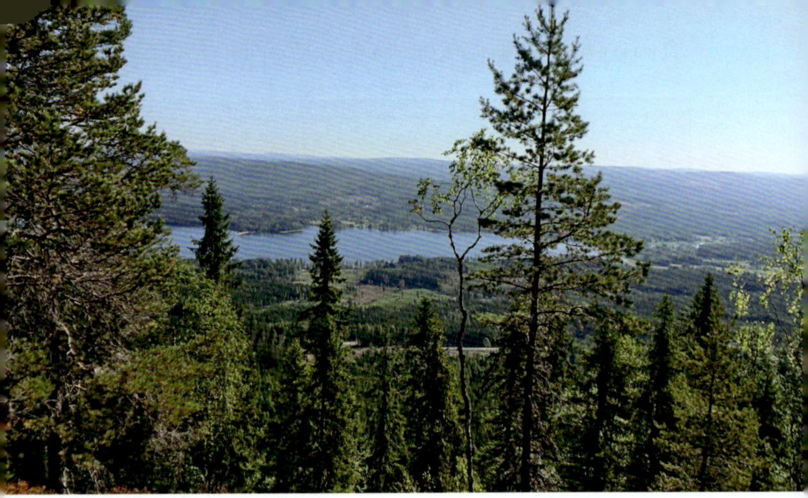

Blick über Värmland (mb)

An der Parkfläche neben dem Ensammentjärn, einem kleinen, immer mehr verlandenden Teich, informieren große Tafeln über das Naturreservat und die Wanderwege dort. Wenn Sie noch keine Wanderkarte haben, fotografieren Sie einfach die Karte der Wanderwege.

Ein Wegweiser schildert die Björnåsrundan aus. Folgen Sie dem schmalen Wanderpfad in dieser Richtung. Nach knapp 100 m biegt der ausgeschilderte Pfad nach rechts ab, halten Sie sich an die Beschilderung. Der geradeaus führende Weg bringt Sie zwar auch an die nächste Wegkreuzung, wird aber nicht unterhalten und hat eine dementsprechend schlechte Beschaffenheit.

Sie steigen nun an der Ostseite des Hovfjälls auf einem mit Wurzeln durchsetzten Weg durch dunklen, hohen Nadelwald ab. Hohe Heidelbeersträucher bedecken den Boden rechts und links des Pfades. Eine urwaldartige Atmosphäre umfängt Sie. Nach etwa 300 m lässt das Gefälle nach und Sie gelangen an eine Wegkreuzung, die gut beschildert ist. Dort biegen Sie nach rechts ab.

Sie können auch weiter geradeaus der Alternativroute, der Björnåsrundan, folgen, einer etwas längeren Runde, die Sie an die Felskante der letzten östlichen Abhänge des Hovfjälls führt. Dort haben Sie an einer Raststelle weite Ausblicke über die Wälder Värmlands und den unter Ihnen liegenden See Övre Brocken. Auch diese Runde bringt Sie zum Rastplatz Dammen.

Direkt in der Nähe der Wegkreuzung leuchten die purpurnen Blüten von Orchideen, dem Gefleckten Knabenkraut (auf Schwedisch *Jungfru Maria nycklar*) aus dem Grün des Grases unter den Bäumen.

Der Pfad wird nun deutlich feuchter und führt durch teilweise 200 Jahre alte Fichtenwälder, die hier in der Senke des kleinen Flüsschens Giljan ungestört von jeder Forstwirtschaft wachsen. Rechter Hand ragen hinter den Bäumen felsige Abhänge in die Höhe. Ein Bach, dessen dunkles Wasser zwischen den Bäumen träge dahinfließt, wird auf einer kleinen Holzbrücke überquert. Das dunkle Wasser und die hohen Bäume lassen den Wald fast ein wenig unheimlich wirken. Der Pfad ist an sumpfigen Stellen oft mit Stegen versehen. Die Bohlen können allerdings besonders bei Regenwetter rutschig sein. Umgestürzte Bäume, große Ameisenhaufen neben dem Weg und üppige Heidelbeersträucher verstärken den Eindruck einer unberührten Wildnis. Lassen Sie sich von der Urwaldatmosphäre verzaubern. Elchköttel deuten darauf hin, dass Sie durchaus die Chance haben, den König der Wälder hier zu Gesicht zu bekommen.

An freieren Stellen wachsen im moorigen Untergrund Multbeeren (*hjortron*). Wenn sie reif sind, verfärben sie sich gelb und stellen eine Leckerei dar, die besonders als Marmelade (*hjortronsylt*) mit Sahne (*grädde*) auf Waffeln gut schmeckt.

An der Kreuzung Giljankorset bei ❶ (km 1,9) folgen Sie dem Pfad weiter geradeaus. Hier findet sich eine weitere Abzweigung zu der etwas längeren Björnåsrundan.

Multbeeren

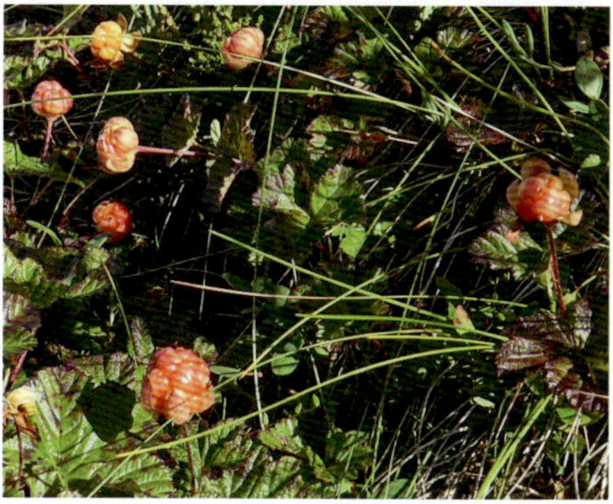

Der Pfad wird nun trockener, steigt über felsige Rücken leicht nach oben und bietet freiere Sicht über das Land. Dichte Polster der weißlichen Rentierflechte überziehen die Felsen, in Senken finden sich immer wieder Orchideen. Auf der linken Seite tauchen unterhalb Teiche aus dem Meer der Bäume auf, die Styggtjärnen. Ein Abstieg bringt Sie erneut zu einer Wegkreuzung (km 2,9).

Biegen Sie links ab und folgen Sie dem Weg noch 200 m, dann erreichen Sie den Rastplatz Dammen ❷ (km 3,1).

Der Platz auf einer kleinen Lichtung ist luftig, von den lästigen Mücken spürt man hier wenig. Eine einfache Rastplatzgarnitur aus Tisch und Bänken bietet Ihnen die Möglichkeit zu einer Pause. Der sprudelnde Bergbach daneben lädt Kinder zum Spielen und Sie zum Kühlen der Füße ein. Hunde finden hier klares Wasser. Auch die Björnåsrundan führt hierher.

Wandern mit Kind

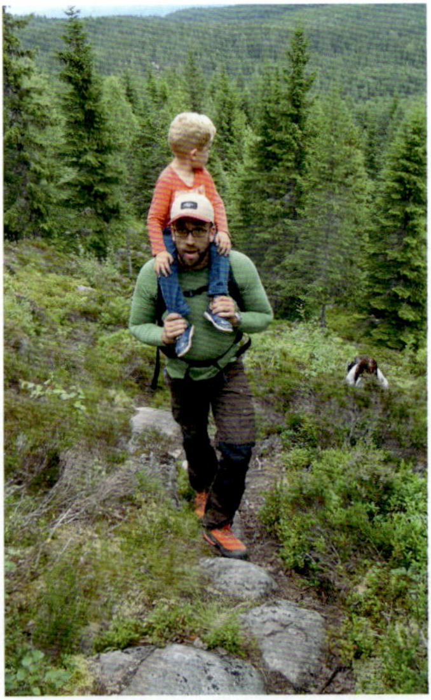

Wenn Sie sich ausgeruht haben, geht es zurück zur Wegkreuzung. Folgen Sie der Beschilderung „Hovfjällstoppen 2,1 km". Auf kleinen Wiesen zwischen den Bäumen finden sich Wollgras und Orchideen, dazwischen immer wieder dunkle Wassertümpel. Der Weg steigt nun an und bietet dabei mehr und mehr Ausblicke. Nach einem kurzen etwas flacheren Stück beginnt dann der steile Aufstieg durch felsiges Gelände.

Achten Sie hier auf die Wegführung. Die roten Markierungen leiten Sie bald nach links, während ein weiterer Pfad geradeaus in die Höhe führt.

Holztreppchen erleichtern Ihnen von Zeit zu Zeit den Aufstieg. Der Wald lichtet sich, Kiefern lösen die Fichten ab, die Steigung flacht allmählich ab. Auerhahn und Birkhahn haben hier oben auf diesem Plateau ihre Reviere. Schon fast auf der Höhe kommen Sie zu einer Weggabelung. Halten Sie sich rechts Richtung Hovfjälltoppen, der mit 0,9 km ausgeschildert ist. Der Pfad verläuft nun durch lichten Kiefernwald, wird dabei flacher und erreicht bald ein kleines, offenes Hochmoor ❸ (km 4,6). Von den Holzstegen, die darüber führen, kann man viele rötliche Pflanzenrosetten im Moor erkennen.

Hier wächst eine Art des Sonnentaus, einer fleischfressenden Pflanze. Ihre mit vielen feucht schimmernden, klebrigen Tentakeln versehenen Blätter bilden eine Falle für Insekten, die an dem klebrigen Sekret haften bleiben. Die Pflanze sondert dann Enzyme ab, mit denen sie die Insekten zersetzen und die in ihnen enthaltenen Nähstoffe lösen kann. Diese werden dann über die Blattoberfläche aufgenommen und versorgen den Sonnentau auf dem nährstoffarmen Boden vor allem mit Stickstoff.

Sonnentau

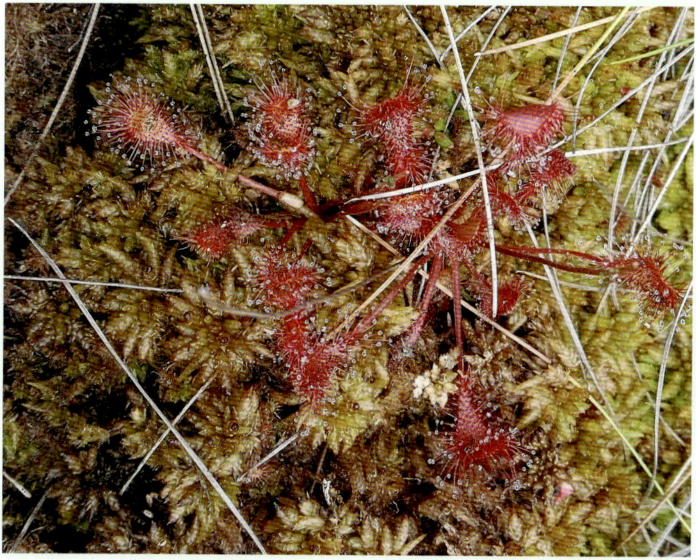

Hinter dem Moor geht es kurz bergauf, dann führt ein gekiester Fahrweg nach rechts zu einem Aussichtsturm (km 4,6), von dem aus Sie einen grandiosen Panoramablick über die Wälder Värmlands haben. Danach steigen Sie zu dem großen Parkplatz bei den Anlagen der Wintersporteinrichtungen hinab. Dort findet sich an der linken Seite des Hauptgebäudes auch ein WC.

Folgen Sie der nun asphaltierten Zufahrt bergab, die Sie wieder zum Ausgangspunkt der Wanderung bringt.

❷ Torptour im Naturreservat Hovfjället

WC ⌘

Tour für Naturliebhaber zu einem ehemaligen Bauernhof

Die relativ kurze Rundtour führt durch abwechslungsreiche Landschaft. Lichter Kiefernwald und dunkle Fichten, felsiger Untergrund und feuchte Moore bilden Kontraste auf dem Weg. Ein am Weg liegender alter, aufgelassener Bauernhof (torp) *aus dem späten 19. Jahrhundert, der heute als Rasthütte fungiert, zeugt von der Besiedlung der Wälder zu früheren Zeiten. Zahlreiche Schautafeln am Weg informieren mehrsprachig über den Wald und dessen Nutzung.*

↻ Start/Ziel: Wanderparkplatz des Naturreservats bei den Liftanlagen, GPS N 60°17.672´ E 012°57.934´

3,9 km

1 Std. 20 Min.

↑ ↓ 122 m/122 m

⇧ 404-484 m

Beschilderung, rote Markierungen an Bäumen und Steinen

Wanderpfad, teilweise steinig und mit nassen Stellen

Bondfugestorp (km 2), Rastplatz (km 3,3)

WC Toiletten an der linken Seite des Hauptgebäudes am Parkplatz bei den Liftanlagen (Start/Ziel), Trockentoilette bei Bondfugestorp (km 2)

Die Tour ist leicht zu laufen. Die Infotafeln am Weg sind für Kinder in lesefähigem Alter interessant, da dort neben schwedischen und englischen auch deutsche Beschriftungen zu finden sind. In dem alten Bauernhof kann man schön herumstöbern.

Ohne große Hindernisse, Wasser findet sich an der Rasthütte in einer Quelle.

P Gebührenfreier Parkplatz des Naturreservats an der Liftanlagen. Anfahrt: Sie fahren auf der E45 von Torsby aus in nördliche Richtung. Hinter der Ortschaft Överbyn biegen Sie links ab und folgen der Beschilderung „Naturreservat Hovfjället“. Die asphaltierte Straße führt Sie auf die Höhe bis zum Parkplatz des Naturreservats an den Wintersportanlagen.

Achten Sie bei der Anfahrt hinauf aufs Fjäll auf Skilangläufer, welche die Straße als Trainingsgelände für ihr sommerliches Training auf Rollskiern benutzen und Ihnen zum Teil mit erheblichem Tempo entgegenkommen.

Der Wanderweg beginnt an dem großen, gekiesten Parkplatz, der von Wohnmobilfahrern auch gerne zur Übernachtung genutzt wird.

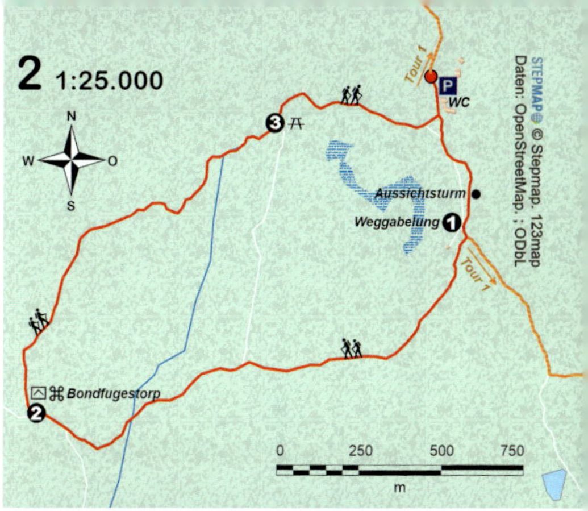

WC Eine öffentliche Toilette befindet sich auf der linken Seite des Hauptgebäudes der Wintersportanlagen.

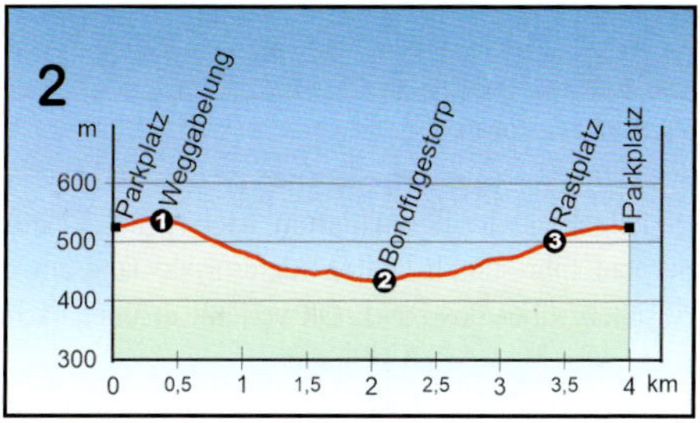

Mehrere Schautafeln informieren mehrsprachig über Naturreservate, Wanderwege und speziell über das Naturreservat Hovfjäll.

Folgen Sie dem gekiesten Fahrweg auf die Höhe.

Ein Aussichtsturm bietet weite Rundblicke über die Wälder und Seen Värmlands. In der Ferne schimmern die Wasserflächen des Frykensees aus dem Grün der Wälder.

Ca. 50 m dahinter weist ein oranger Pfeil die Wanderer nach links auf einen Pfad, der kurz darauf zu einer Weggabelung ❶ (km 0,4) führt. Geradeaus kommt man zu dem kleinen Hochmoor aus Tour 1, das man bereits unterhalb zwischen den Bäumen sehen kann.

Eine große Tafel informiert anschaulich mit Texten und Bildern über die wechselhafte Geschichte des Tourismus am Hovfjäll, von der ersten Hütte für Skifahrer im Jahr 1933 über den Bau des Turms im Zweiten Weltkrieg zur Luftraumüberwachung bis hin zum Bau von Skianlagen. Heute gilt das Hovfjäll als großes Wintersportgebiet. Ein Netz von Wanderwegen macht es auch im Sommer zu einem interessanten Reiseziel.

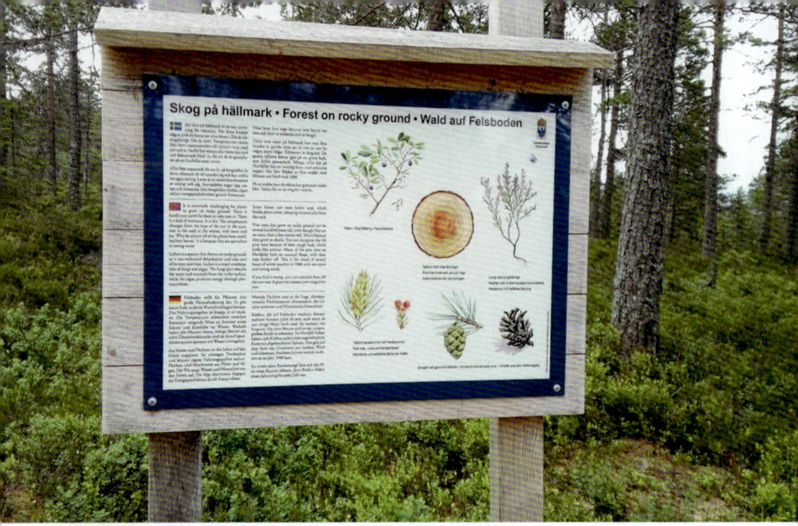

Typische Infotafel

Folgen Sie der Beschilderung nach rechts, Richtung Bondfugestorp. Der Wanderpfad führt durch lichten Kiefernwald langsam bergab und ermöglicht dabei Ausblicke über das Land. Oft verläuft er über flache Steinplatten, die bei Nässe leicht rutschig werden können.

In regelmäßigen Abständen säumen nun kleinere Infotafeln den Weg, die interessante Informationen für den Wanderer bieten. Die erste davon ist bald erreicht und berichtet über die Lebensbedingungen der Bäume, die hier auf kargem Felsboden wachsen. Text und Grafik sprechen auch Kinder an.

Der gut markierte Weg taucht nun in tieferer Lage in Fichtenwald ein. Die Sicht in die Ferne ist jetzt eingeschränkt und der Untergrund wird feuchter. Sumpfige Stellen sind in der Regel mit Stegen überbrückt, sodass man nicht im Morast laufen muss. Blaubeerbüsche unter den Bäumen laden zum Beerenpflücken ein – vorausgesetzt natürlich, die Jahreszeit stimmt.

Die nächste Infotafel taucht auf und berichtet Wissenswertes über Waldameisen, deren hohe Bauten oft längs des Weges im Unterholz zu sehen sind. Manchmal liegen diese dicht beieinander, ein Zeichen dafür, dass sie zur selben Ameisenkolonie gehören.

Ein Wegweiser zeigt: noch 1 km bis Bondfugestorp. Der Weg führt nun durch freieres Gelände, eine Sitzbank lädt zum Verweilen ein. Rechter Hand zeigt eine Orchideenwiese ihre Pracht. Durch hohen Nadelwald geht es weiter. Hoch gewachsene Farne bedecken den Boden. Man hat das Gefühl, in einem von Forstwirtschaft unberührten Urwald zu laufen. Bald gelangt man zu einer letzten Weggabelung vor dem kleinen *torp* (0,1 km bis Bondfugestorp). Weiter vorne sieht man bereits die Gebäude durch die Bäume schimmern. Noch ein paar Schritte, dann haben Sie die alte Siedlungsstätte Bondfugestorp erreicht ❷ (km 2).

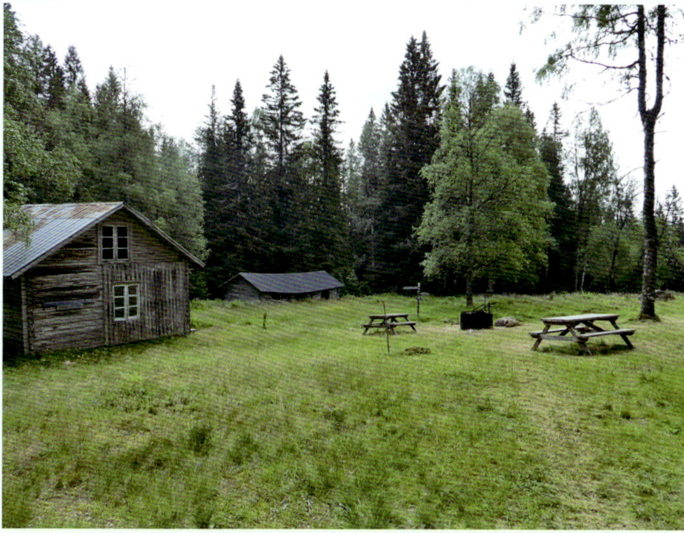

Bondfugestorp

⌘ ⌂ Das *torp* wurde Ende des 19. Jahrhunderts gebaut. Hinweistafeln und Broschüren im Inneren informieren Sie über den umliegenden Urwald und die Geschichte des alten Bauernhauses, das heute als Rasthütte genutzt wird. Die Broschüren sind allerdings leider nur auf Schwedisch verfasst.

Das Hauptgebäude hat zwei Räume mit Sitzgelegenheiten und Kamin, die zum Rasten genutzt werden können. An einer Feuerstelle mit Sitzgarnitur kann man grillen. Am Waldrand findet sich ein alter Holzschuppen, dessen Dach sich schon bedenklich gesenkt hat.

Eine Quelle (Kallkälla) in direkter Nähe versorgt die Hütte mit Wasser. Inwieweit es heute noch trinkbar ist, wird nicht beschrieben. In einiger Entfernung in den Wiesen befindet sich eine Trockentoilette.

Als *torp* wird in der Regel ein kleiner Bauernhof bezeichnet, der in früheren Zeiten von einem *torpare* und seiner Familie in Pacht bewirtschaftet wurde. Dieser musste seine Pacht an den Grundbesitzer entweder in Form von Abgaben oder in Form von Arbeitsleistungen bezahlen. An Soldaten wurde oft für ihre Verdienste im Krieg ein *soldattorp* vergeben, das sie und ihre Familie ernähren konnte. Heute bezeichnet der Begriff oft ein kleines, älteres Gebäude auf dem Land, das meist als Ferienhaus benutzt wird.

Bondfugestorp hieß zunächst Fjälltorp. Nach einer permanenten Bewirtschaftung wurde es später als *säter,* eine Art Almwirtschaft, genutzt, bevor es in den 40er- und 50er-Jahren des vergangenen Jahrhunderts als Unterkunft für Waldarbeiter diente. Die Wiesen werden immer noch gemäht, um die einzigartige Flora zu erhalten.

Wenn man hier auf dieser Lichtung steht, kann man sich nach einiger Zeit die Einsamkeit der Bewohner solcher Bauernhäuser gut vorstellen. Weitab von Dörfern oder gar Städten führten sie ein karges, entbehrungsreiches Leben.

Bei der Hütte steht ein Wegweiser. Folgen Sie der Beschilderung „Torprundan/Hovfjällsrunden“, um wieder zurück zum Parkplatz zu kommen. Bald laufen Sie über ein freies Moorgelände voller Multbeeren und Orchideen. Vereinzelt kommt hier auch der Sonnentau vor. Mittendrin informiert eine Tafel über den Lebensraum Moor. Der Weg durch das sumpfige Gelände ist mit Stegen versehen. Man sollte ihn besser nicht verlassen: Auch wenn der Boden manchmal fest aussieht, besteht doch stets die Gefahr einzusinken – manchmal nur bis zum Knöchel, manchmal aber auch bis zum Oberschenkel. Dann ist man auf fremde Hilfe angewiesen, um wieder herauszukommen.

Ein weiterer Wegweiser weist die Richtung zum Hovfjällstoppen geradeaus.

Nach insgesamt 3,3 km erreichen Sie eine kleine Sitzgruppe ❸, an der Sie noch einmal rasten können. Hier finden sich auch eine Karte und eine Informationstafel über Fichtenwald.

Danach quert eine Skooterpiste den Pfad. Achten Sie auf die orangen Pfeile, die Ihnen den richtigen Weg zeigen. Sie steigen nun bergauf, um das Gipfelplateau wieder zu erreichen. Eine letzte Schautafel informiert über Auerhühner, die hier oben ihren Lebensraum haben. Kiefernwald verdrängt erneut den Fichtenwald und Sie haben bald den Parkplatz an den Wintersportanlagen wieder erreicht.

Dalarna

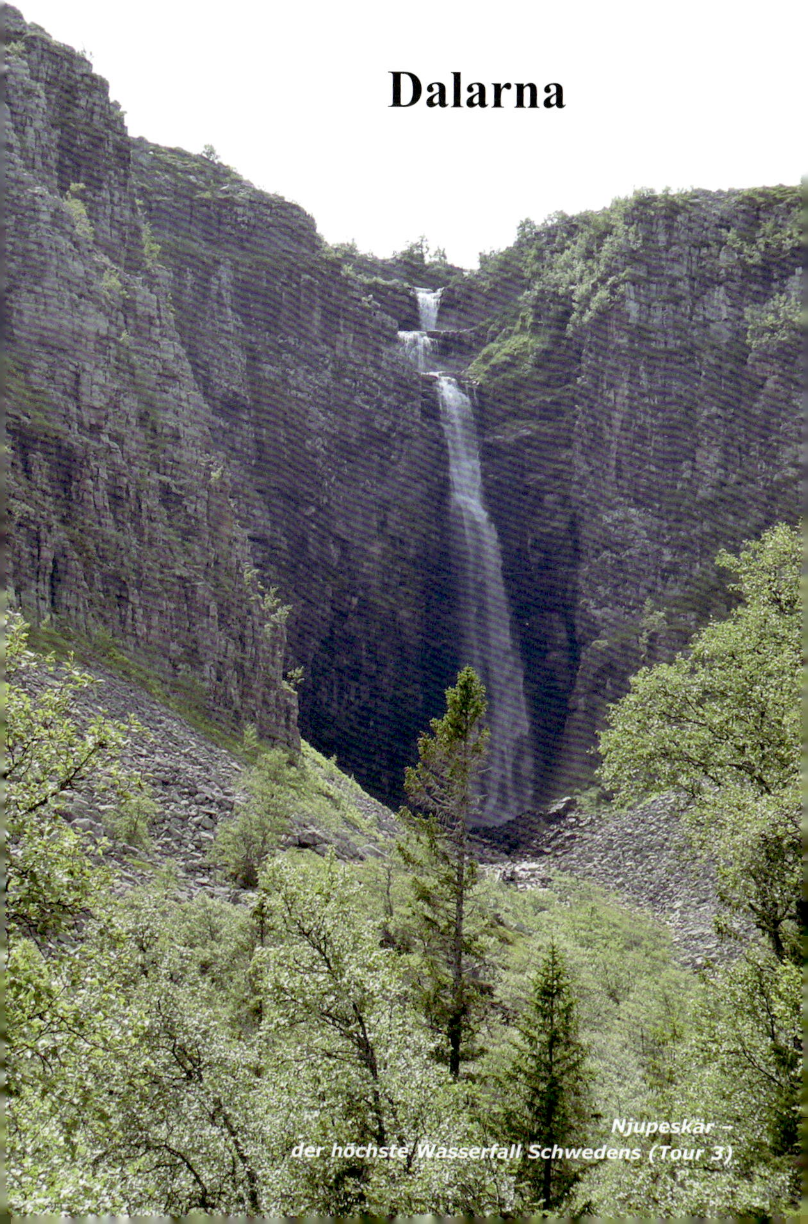

Njupeskär –
der höchste Wasserfall Schwedens (Tour 3)

❸ Njupeskär – zum höchsten Wasserfall Schwedens

Familientour für Naturliebhaber

Die kurze Rundtour führt auf gut ausgebauten Wegen zum höchsten Wasserfall Schwedens. Mit einer Gesamthöhe von 93 m und einer freien Fallhöhe von 70 m stürzt er eindrucksvoll in einer engen Schlucht herab. Sie wandern auf breiten, gekiesten Wegen, steinige Passagen sind mit Holztreppen oder Planken versehen. Informationstafeln halten unterwegs Wissenswertes auf Schwedisch, Englisch und oft auch Deutsch bereit. Der Njupeskär ist ein beliebtes Ausflugsziel in Schweden. Rechnen Sie deshalb speziell an Wochenenden in der Hauptsaison mit vielen Besuchern.

Start/Ziel: Parkplatz am Njupeskärsentrén, einem Eingang zum Nationalpark Fulufjäll, GPS N 61°38.134´ E 012°43.108´

4,4 km

1 Std. 10 Min.

152 m/152 m

723-864 m

Beschilderung, rote Markierungen an Holzpfählen

Wanderweg mit Informationstafeln, gut ausgebaut mit Holztreppen und Holzstegen

Njupeskärserveringen (Start/Ziel)

Gammelfjällsloken (km 0,8), Rastplatz (km 3,5), Njupeskärstugan (km 1,5)

WC Toiletten am Njupeskärsentrén (Start/Ziel) und an der Njupeskärstugan (km 1,5)

Das Naturum zu Beginn bietet für Kinder interessante Aktivitäten. Unterwegs gibt es Zugang zu dem Bach, in dem das Wasser des Falls abfließt. Am Wasserfall kann man über Steinblöcke dicht an das Wasser heranklettern.

Die Strecke ist für Hunde unproblematisch. Direkt neben dem Parkplatz ist ein Hundebad eingerichtet worden, ans Wasser gelangen sie ansonsten nur auf dem Hinweg. Denken Sie daran, dass Hunde im Nationalpark immer an der Leine geführt werden müssen.

P Gebührenfreier Parkplatz am Njupeskärsentrén mit Infotafeln und Toiletten. Anfahrt: Fahren Sie von Särna aus auf dem Riksväg 70 in Richtung Idre. Nach ein paar Kilometern biegen Sie links ab und folgen der Beschilderung nach Mörkret und zum Fulufjäll-Nationalpark. In Mörkret biegen Sie erneut links ab und folgen den Schildern

„Fulufjäll Nationalpark Njupeskär“ bis zum Parkplatz beim Njupeskärsentrén am Ende des Weges. An Wochenenden in der Hochsaison empfiehlt es sich, frühzeitig anzureisen, da der Parkplatz, obwohl er erweitert wurde, schnell voll belegt ist.

Fulufjällets Nationalpark, der 385 km² umfasst, wurde 2002 mit dem Ziel eingerichtet, ein südliches Fjällgebiet mit seiner speziellen Vegetation zu erhalten. Da hier keine Rentierzucht betrieben wird, bedecken oft üppige Polster der Rentierflechte den Boden. Das Fjäll erhebt sich als 800 bis 900 m hohes Plateau mit steilen Abhängen über die umliegende Landschaft und bildet mit dem seit 2012 angrenzenden norwegischen Nationalpark Fulufjellet ein zusammenhängendes Schutzgebiet.

Die Wanderung beginnt am Parkplatz. Ein breiter Weg führt zum Eingangsbereich des Nationalparks, der mit einem überdimensionalen Schild markiert ist.

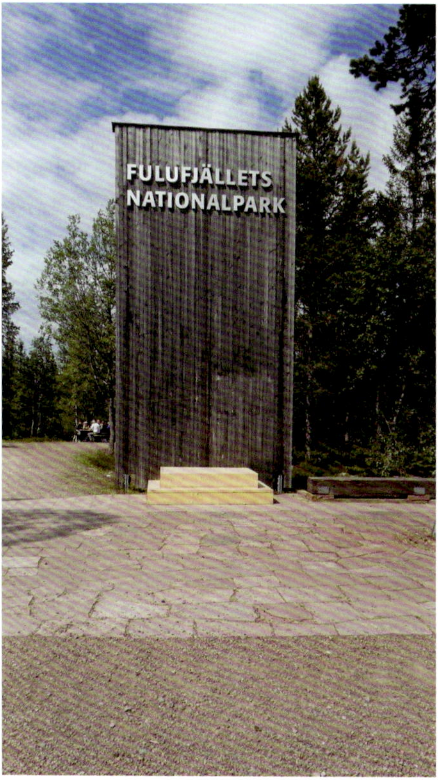

Parkeingang

An einem kleinen Bach hat man ein Hundebad (*hundvattning*) angelegt, Gelegenheit für alle Hunde, noch einmal ein ausführliches Bad zu nehmen und sich satt zu trinken. Im weiteren Verlauf der Wanderung gibt es nur auf dem Hinweg zum Wasserfall noch Gelegenheit, ans Wasser zu kommen.

☕ Im Eingangsbereich finden Sie die Njupeskärserveringen, ein Café mit Souvenirshop, das auch kleinere Mahlzeiten anbietet.

🚪 Juni/Juli bis Sep: Juni-Aug 10:00-19:00, Sep 10:00-17:00

WC Eine Toilettenanlage gibt es hier ebenfalls.

⌘ Auf der anderen Seite des Weges befindet sich das Naturum. Hier können Sie Tipps für Wanderungen bekommen, Ausstellungen über das Fulufjäll betrachten, Naturfilme ansehen und anderes mehr. Für Kinder gibt es interessante Aktivitäten.

🚪 Ende Mai bis Anfang Okt: 25.05.-30.06. tägl. 10:00-17:00, 01.07.-31.08. tägl. 9:00-18:00, 01.09.-06.10. tägl. 10:00-17:00

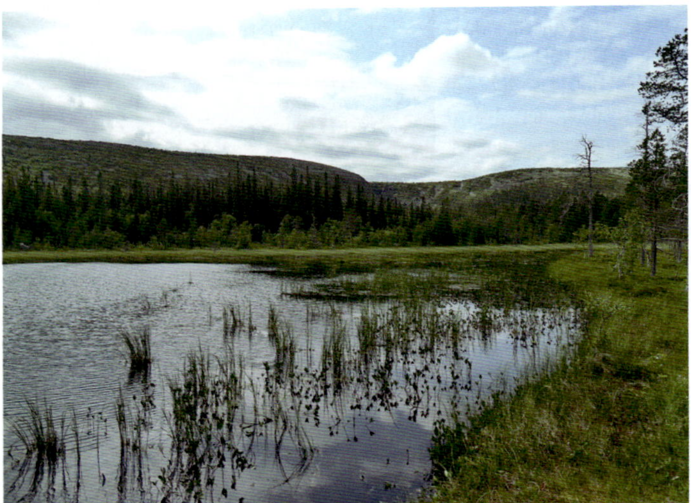

Moorsee auf dem Weg zum Wasserfall

Folgen Sie nun der Beschilderung „Njupeskärs vattenfall". Ein Kiesweg führt Sie vorbei an der Björbäckstugan, einer Rasthütte auf der rechten Seite, in eine offene Moorfläche hinein. Der Weg ist mit vielen Holzbohlen breit ausgebaut. Die Aussichtsplattform links ermöglicht weite Blicke über den Moorsee. Eine Schautafel informiert über offene Moorlandschaften.

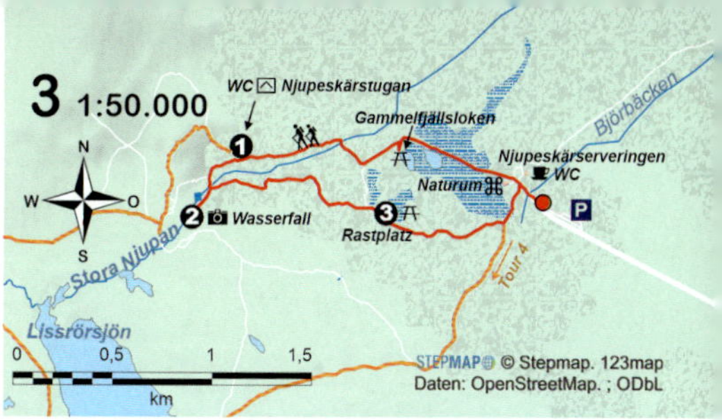

Ein Stück weiter liegt auf der linken Seite Gammelfjällsloken (km 0,8), ein neu ausgebauter Rastplatz mit Windschutz, Feuerstelle sowie Feuerholz und Werkzeug zur Bearbeitung desselben.

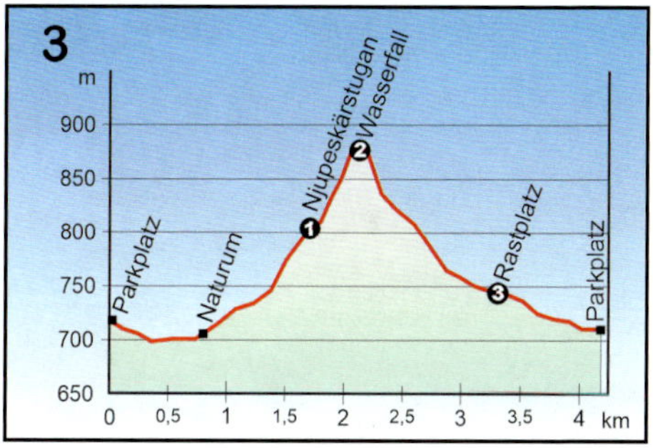

Bald darauf weist ein Wegweiser nach rechts: „Njupeskärs vattenfall 1 km“. Der Weg senkt sich in das Tal des Stora Njupån, in dem das Wasser des Falls abfließt. Hier umfängt Sie urwaldartiger Fichtenwald. Eine Holzbrücke leitet den Weg über den von Farnen gesäumten Bach, der an manchen Stellen zugänglich ist. Für Kinder und Hunde ist es ein Vergnügen, hier am und im Wasser herumzutollen. Wissenswertes über den alten Wald im Tal des Stora Njupån können Sie einer Infotafel entnehmen.

Der Weg steigt nun an und wird dabei schmaler und steiniger. Einfache Sitzbänke laden zum Ausruhen ein.

Nach insgesamt 1,5 km erreichen Sie die Njupeskärstugan ❶, eine Rasthütte mit Feuerstelle und Trockentoilette. Nach vorne eröffnet sich die erste Aussicht auf den Njupeskär. Rechts zweigt der Weg ab, der auf der Höhe um den Fall herumführt. Eine Informationstafel gibt Auskunft über die Entstehung der Schlucht und des Wasserfalls.

Sie laufen links weiter in Richtung des Wasserfalls. Eine längere Holztreppe führt erneut ins Tal des Stora Njupån, den Sie auf einer Holzbrücke überqueren. Direkt danach halten Sie sich an der Weggabelung rechts und laufen auf dem ausgebauten Holzsteg weiter, der Sie über das Geröll der Steinblöcke im Talgrund in die imposante Schlucht hinein zu einer Aussichtsplattform unterhalb des Wasserfalls führt ❷ (km 2).

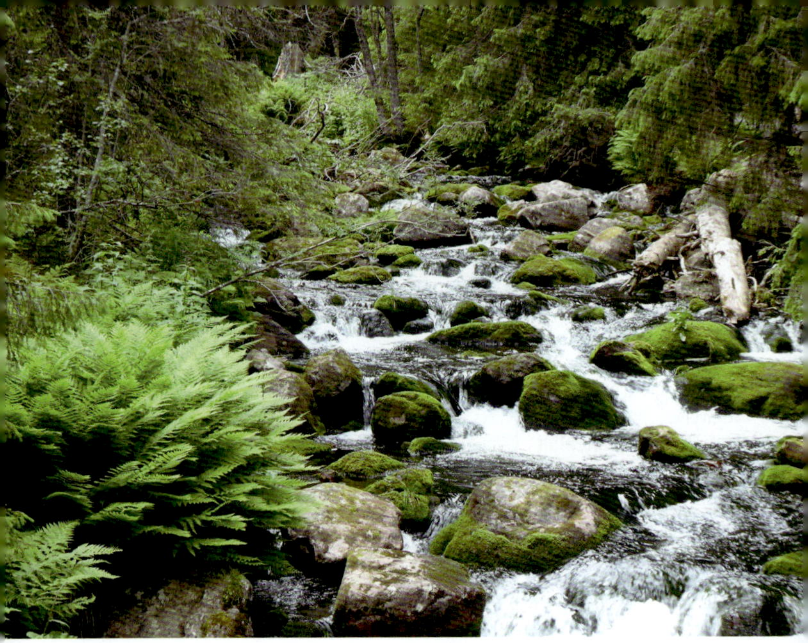

Njupån

Hier haben Sie einen fantastischen Blick auf die Wassermassen, die 70 m in freiem Fall von der Höhe des Fjälls herabstürzen. Steile Felswände rahmen die Schlucht ein. Auf den Felsabsätzen wuchern Moose und Farne, die durch die ständigen Sprühnebel des Wassers gute Wachstumsbedingungen vorfinden. In machen Jahren brüten in diesen luftigen Höhen Turmfalken und Bussarde.

Kletterfreudige Wanderer, denen der Abstand der Plattform zum Wasserfall noch zu groß ist, können von hier aus über die Steinblöcke am Grund der Schlucht noch näher an den Fall herankletttern

Achten Sie dabei auf Steinschlag von den Felswänden.

An der Plattform finden Sie Informationen über den Wasserfall und die hier vorkommenden Pflanzen und Tiere. Auch über die Nutzung im Winter wird berichtet.

Der Njupeskär gilt als eines der besten Gebiete in Schweden zum Eisklettern. Wenn er zugefroren ist, kann man hier vom 1. Dezember bis zum 31. März im Eis klettern. In der übrigen Zeit des Jahres ist jegliches Klettern in den Felswänden untersagt.

Für den Rückweg folgen Sie dem ausgeschilderten Weg auf der anderen Talseite. An der Abzweigung zu Beginn des letzten Holzstegs folgen Sie der Beschilderung „Naturum". Nun laufen Sie auf der anderen Bachseite zunächst durch niedrigen Birkenwald an der Baumgrenze zurück. Stege erleichtern das Queren von Geröllhalden.

Auf einer weiteren Infotafel werden Sie darüber belehrt, dass man im Park keine Steinmännchen errichten darf. Die Flechten auf den Steinen sollen dadurch geschützt werden. Auch Informationen über die Baumgrenze finden Sie. An einem Rastplatz hat man auf einer Silhouettentafel die umliegenden Berggipfel beschriftet. Der Städjan und das Nipfjäll (☞ Tour 5) im Nordosten lassen sich leicht identifizieren. Auch über die Bedeutung alter Kiefern wird informiert.

Bald senkt sich der Weg erneut in den Fichtenwald hinab. Die Vegetation wird wieder üppiger. Unter den hohen alten Bäumen wuchern Heidelbeerbüsche. Storchschnabel und Schachtelhalme bedecken den Boden. Auch *Jungfru Maria nycklar* kommen vor, mit einer deutlicheren Blaufärbung als bei den Exemplaren, denen Sie auf den Touren im Hovfjäll begegnet sind. Bald zeigt ein Wegweiser, dass das Naturum noch 1 km entfernt ist.

Gute Beschilderung

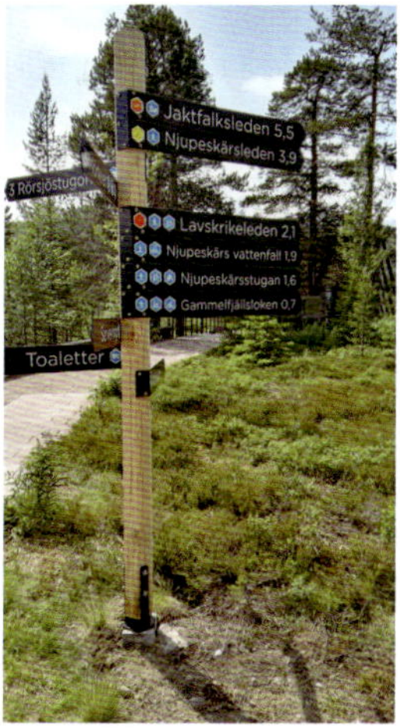

Ein Rastplatz ❸ (km 3,5) linker Hand lädt noch einmal zu einer Pause ein. Auf der rechten Wegseite passieren Sie eine hölzerne Wasserleitung, die mit einer Schöpfkelle versehen ist. Eine letzte Weggabelung taucht auf. Sie laufen nach links zum Naturum. Nach rechts führt der Weg hinauf zu den Rörsjöstugorna (☞ Tour 4).

Nach 200 m haben Sie den Eingangsbereich des Naturparks wieder erreicht. Nun können Sie die Tour in dem kleinen Café mit einer Tasse Kaffee und Waffeln mit Multbeermarmelade (*hjortronsylt*) abschließen.

4 Runde über die Rörsjöstugorna

Tour für naturverbundene Wanderfreunde

Die aussichtsreiche Rundtour führt rund um den höchsten Wasserfall Schwedens. Sie steigen hoch auf das Plateau, von dem der Njupeskär herabstürzt, wandern an kleinen Seen vorbei und erleben auf der Höhe die Weite des Kalfjälls. Auf dem Rückweg gelangen Sie an die Brücke über den Bach, der den Fall speist. Der Abstieg erfolgt zunächst steil über Blockhalden, bis Sie den Weg im Tal wieder erreicht haben.

- Start/Ziel: Parkplatz am Njupeskärsentrén, einem Eingang zum Nationalpark Fulufjäll, GPS N 61°38.134′E 012°43.108′
- 8,8 km
- 3 Std. 30 Min.
- 219 m/219 m
- 723-911 m
- Wegweiser, rote Farbmarkierungen
- teilweise gut ausgebauter Weg, oft aber steinig über Geröll, steiler Abstieg über eine Blockhalde
- Njupeskärserveringen (Start/Ziel)
- Windschutz (km 1), Rörsjötugurna (km 3), Njupeskärstugan (km 7), Gammelfjällsloken (km 8)
- WC Toiletten am Njupeskärsentrén (Start/Ziel) und der Njupeskärstugan (km 7)
- Das Naturum zu Beginn bietet für Kinder interessante Aktivitäten. Der Weg ist für kleinere Kinder wegen der vielen Steine mühsam, größere Kinder können ihren Spaß an den Klettereien haben.
- Für kleinere Hunde ist der Weg wegen der steinigen Partien nicht zu empfehlen. Hunde müssen im Nationalpark immer an der Leine geführt werden. Neben dem Parkplatz gibt es ein Hundebad.
- P Gebührenfreier Parkplatz am Njupeskärsentrén mit Infotafeln und Toiletten, die Anfahrt erfolgt wie bei ☞ Tour 3.
- Alternativroute: Nach 1 km können Sie direkt zur Brücke am oberen Ende des Njupeskär laufen.

Sie beginnen die Wanderung am Parkplatz am Njupeskärsentrén. Folgen Sie dem Schild „Rörsjöstugorna“ nach links. Zunächst laufen Sie auf einem breiten, gut ausgebauten Weg in Richtung der Felswände des Tals durch Fichtenwald, der in höheren Lagen von Birken abgelöst wird. Heidelbeeren wachsen unter den Bäumen und locken mit ihren blauen Früchten. Ab und zu können Sie eine der jahrhundertealten Kiefern entdecken, die heute für das Ökosystem des Parks von Bedeutung sind.

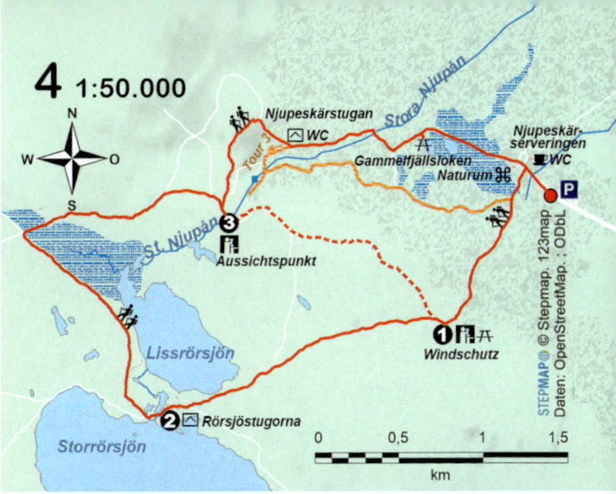

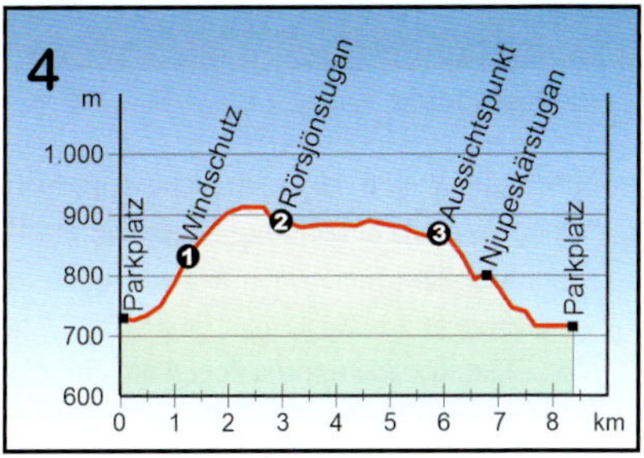

Das Gelände steigt an, Treppenabsätze erleichtern den Aufstieg. Dann nähert sich der Weg einer Geröllhalde der Felswände vor Ihnen – dort endet der bequeme Teil. Der Weg wird zum Pfad, der mit roten Markierungen auf Steinen erst an der Halde entlang, dann durch das Geröll führt.

Wenn Sie die Höhe des Plateaus fast erreicht haben, findet sich nach einem guten Kilometer links ein Windschutz ❶ (km 1), von dem aus Sie die Fernsicht genießen können. Eine Feuerstelle mit Feuerholz und dem entsprechenden Werkzeug ist ebenfalls vorhanden. Ein Wegweiser zeigt 2 km bis zum Rörsjön an. Kurz darauf gabelt sich der Pfad.

↳ Hier können Sie die Alternativroute wählen und nach rechts direkt hinüber zur Brücke am oberen Ende des Njupeskär laufen. Der Weg verläuft in der Nähe der Kante der Schlucht, ist aber sehr steinig und führt oft über grobes Geröll. Im Naturum wird er nicht empfohlen.

Der weiterführende Steig auf dem Plateau bleibt steinig und führt durch niedrigen Birkenwald und Zwergweiden. Immer wieder zeigen sich moorige Stellen. Oft ist der Pfad dann mit Stegen versehen. Bald kommen der Rörsjön und die

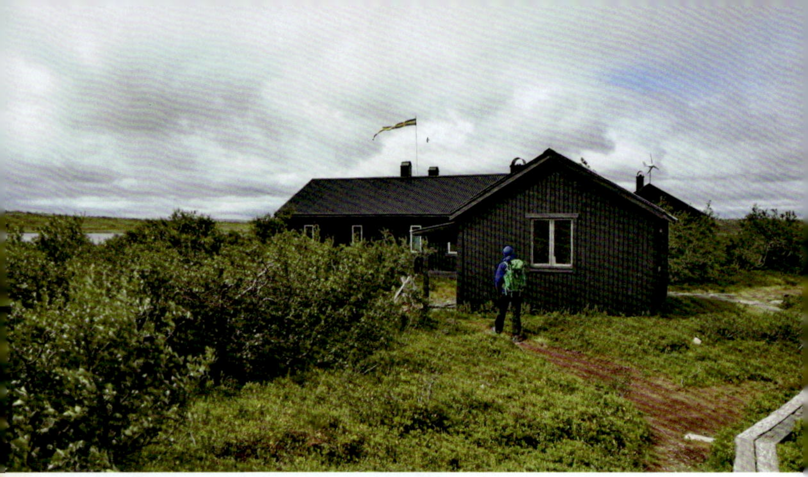

Rörsjöstugorna

Hütten, die an ihm liegen, in Sichtweite. 500 m vor den Hütten zweigt erneut ein Pfad nach rechts in Richtung Njupeskär ab. Bald haben Sie die Hütten am Rörsjön erreicht ❷ (km 3).

⌂ Die Rörsjöstugorna liegen auf einer Landbrücke zwischen dem Storrörsjön und dem Lissrörsjön. Ein Teil der Hütten ist privat und kann gemietet werden, ebenso wie die Boote am Seeufer, mit denen man auf Fischfang gehen kann. Außerdem gibt es eine öffentliche Rasthütte des Länsstyrelse (die staatliche Verwaltung in einem Land (*län*) in Schweden) mit Gasherd, Holzofen und sechs Betten, in der man zur Not auch übernachten kann.

Bei den Hütten folgen Sie nun dem Wegweiser nach Tjärnvallen. Über eine Brücke gelangen Sie auf die andere Seite der Seen. Ein verwitterter Wegweiser gibt die Richtung an: Njupeskär Vattenfall.

Auf dem Sandsteinplateau, auf dem Sie nun laufen, zeigt sich die Weite des Kalfjälls. Der Blick geht ungehindert in die Ferne, der Wind streicht über das Land, die Einsamkeit der Landschaft wird spürbar. Überall bedeckt die weißliche Rentierflechte den Boden. Das Fulufjäll ist eines der Fjälls, auf denen nie Rentierzucht betrieben wurde, deshalb kann sich die Flechte ungehindert entwickeln.

Es läuft sich angenehm hier, denn der Untergrund hat wenig Steine. Ein weiterer schon stark von der Witterung angegriffener Wegweiser weist nach rechts Richtung Njupeskär. Nun nähern Sie sich wieder der Abbruchkante der Schlucht.

☺ Hier in der Nähe steht **Old Tjikko,** eine Fichte, die seit geschätzten 9.500 Jahren dort wächst. Der ca. 5 m hohe Stamm selbst ist unspektakulär und bildet nur den sichtbaren Teil eines sogenannten **Klonbaums**, der durch vegetative Vermehrung als genetisches Individuum die Zeit überlebt hat. Dabei wächst immer wieder ein neuer Stamm aus dem alten Wurzelgeflecht oder abgesenkte Äste wurzeln von Neuem. Der Baum wurde von seinem Entdecker nach dessen verstorbenem Hund benannt. Er ist nicht ausgeschildert und schwer zu finden. Im Naturum findet man mehr Information dazu.

Der Weg verzweigt sich nun, folgen Sie dem rechten, rot markierten Abzweig, der Sie bald an die Abbruchkante führt. An der Weggabelung dort können Sie einen Abstecher nach rechts zu der kleinen Brücke machen, die den Bach überquert, der den Wasserfall speist. Es ist allerdings eine mühsame Kletterei über Blockhalde, bis Sie diesen Aussichtspunkt erreichen ❸ (km 6,4). Hier haben Sie Ausblicke auf den oberen Teil des Falls und weit über die Landschaft.

Zurück an der letzten Weggabelung folgen Sie nun der Beschilderung in Richtung „Servering". Achten Sie bei dem folgenden, sehr steinigen Wegstück auf die Markierungen. Viele Trampelpfade führen dicht an die Felskante heran. Wegen der Abbruchgefahr sollte man aber nicht zu nahe an die Kante gehen.

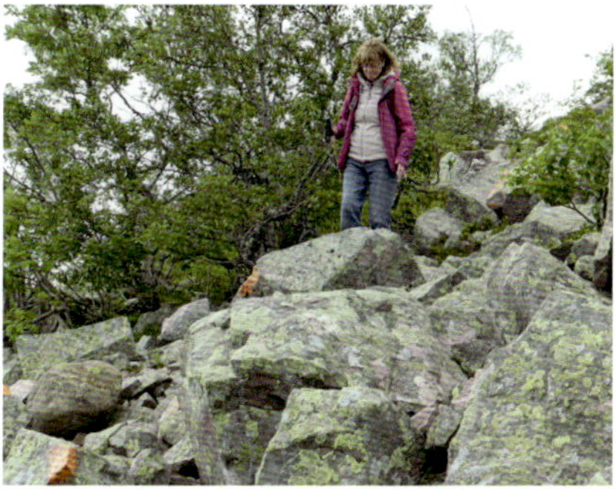

Steiniger Abstieg

Der Abstieg in das Tal des Stora Njupån wird nun immer steiler. Zum Schluss klettern Sie über Felsbrocken steil nach unten, bis Sie wieder den ausgebauten Weg erreichen. Achten Sie dabei immer auf die roten Markierungen.

Am ausgebauten Weg lädt ein kleiner Rastplatz mit Sitzgarnitur zu einer Pause nach der Kletterei ein. Von hier hat man einen schönen Blick auf den Wasserfall. Beim weiteren Abstieg gelangen Sie an die Njupeskärstugan, eine Rasthütte mit Feuerstelle und Trockentoilette, und folgen von dort dem beschilderten Weg zurück zum Eingangsbereich des Parks (☞ Tour 3), vorbei an einem weiteren Rastplatz.

❺ Über den Trollvägen auf den Lillnipen

Spaziertour für Familien mit Anfahrt über den „magischen“ Trollweg“

Obwohl diese Wanderung nicht viel mehr als ein Spaziergang ist, hat sie doch Kultstatus bei den Schweden. Sie stellt eine der leichtesten Möglichkeiten dar, schnell ins Kalfjäll zu gelangen und dort einen kleinen Gipfel mit hinreißender Aussicht zu besteigen. Schon die Anfahrt ist ein Erlebnis, denn sie erfolgt im letzten Stück über den Trollvägen, dessen „Magie“ verblüffend ist.

- Start/Ziel: Sommerparkplatz am Ende der ab der Nipstugan als Schotterpiste weitergeführten Straße, GPS N 61°57.606´ E 012°50.870´
- 1,5 km
- 40 Min.
- 119 m/119 m
- 997-1.117 m
- Wegweiser
- gut ausgebauter Bergweg
- Sitzgarnituren am Parkplatz (Start/Ziel)
- Leichte Strecke, auf dem Gipfel gibt es Klettermöglichkeiten auf den Felsen.
- Leicht zu bewältigen, es gibt aber kein Wasser auf dem Weg.
- Gebührenfreier Sommerparkplatz am Ende der Schotterpiste oder Parkplatz an der Nipstugan. Anfahrt: Fahren Sie in Idre vom Riksväg 70 rechts ab in Richtung Idre Fjäll. Biegen Sie im weiteren Verlauf aber nicht nach Idre Fjäll ab, sondern folgen Sie der Straße bis zum Parkplatz an der Nipstugan. Von dort aus können Sie auf der als Schotterpiste weitergeführten Straße bis zum Sommerparkplatz an ihrem Ende fahren. An Wochenenden der Hauptsaison kann es dort schnell überfüllt sein.
- Alternativ können Sie Ihre Wanderung an der Nipstugan beginnen.
- Wegen der Kürze der Tour sind hier keine Wegpunkte (❶, ❷ etc.) angegeben.

Die Piste, auf der Sie zum Sommerparkplatz fahren, wird auch **Trollvägen** genannt. In ihrem Verlauf passieren Sie eine durch ein Schild („Trollvägen“) markierte Stelle im Fjäll, die „magischer Hügel“ genannt wird. Wenn Sie den dreisprachigen Anweisungen auf dem Schild folgen, gewinnen Sie den Eindruck, dass Ihr Fahrzeug bergauf rollt. Fantasielose Wissenschaftler behaupten, dass dieses Phänomen keine übernatürlichen Gründe hat und auch die Naturgesetze der Schwerkraft hier nicht außer Kraft gesetzt sind, sondern das Ganze auf einer optischen Täuschung beruhe. Durch die Geländeform und eine fehlende waagerechte Horizontlinie bekomme man einen falschen Eindruck von der Hangneigung der Straße. Ein interessantes Phänomen, bei dem man die Unzuverlässigkeit der Sinne erleben könne. Das Tourismusgewerbe in Idre glaubt dagegen fest an „Magie", macht Werbung damit und hofft auf viele Besucher, die dann ihr Geld in Idre ausgeben.

Nach dieser interessanten Anfahrt starten Sie Ihre Kurzwanderung am Parkplatz. Von dort aus haben Sie den gesamten Weg stets vor Augen. Der Weg ist mit Treppenabsätzen und Holzstegen gut ausgebaut worden, um die Abnutzung des Geländes zu vermindern.

Trotz all dieser Aufstiegserleichterungen ist der Pfad, der gerade in die Höhe führt, recht steil und damit anstrengend. Dafür wird man mit herrlichen Aussichten über die Landschaft belohnt. Bald verschwindet der Parkplatz mit den vielen geparkten Wagen in der Tiefe und die Rundumsicht wird immer weiter.

Wenn Sie nach knapp 800 m den Gipfel des Lillnipen erreicht haben, können Sie dort zwischen den aufgetürmten Felsen herumklettern, bis Sie die optimale Stelle gefunden haben, um das Panorama zu genießen. Besonders der markante Gipfel des Städjan fällt bei der Rundumsicht ins Auge.

Böse Zungen nennen den kleinen Gipfel auch abschätzig *turistknölen*, was so viel wie „Touristenknolle" oder „Touristenhügel" bedeutet. Stören Sie sich nicht daran, sondern genießen Sie es, so leicht so hoch ins Fjäll zu kommen. Der Rückweg erfolgt auf demselben Weg wie der Aufstieg.

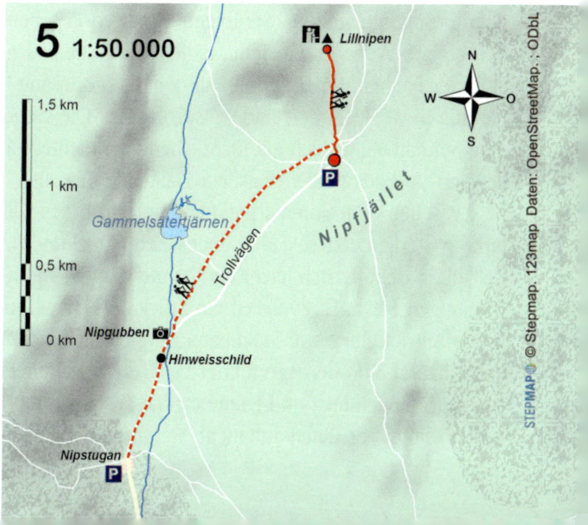

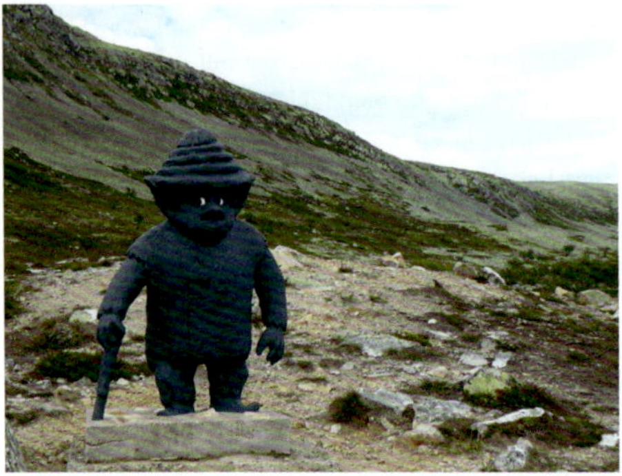

Der Nipgubben

📷 Halten Sie bei der Rückfahrt noch einmal auf der kleinen Parkfläche in der Nähe der „magischen“ Stelle des Trollvägen und statten Sie der kleinen Statue des „Nipgubben“ einen Besuch ab. Es handelt sich dabei um ein Naturwesen, dessen Eigenschaften auf einem Schild beschrieben werden.

Witterungsbedingt kann es vorkommen, dass die Straße ab der Nipstugan noch gesperrt ist, z. B. wenn Schneefelder den Weg im Frühsommer noch unbefahrbar machen. In diesem Fall können Sie die Tour auch an der Nipstugan starten. Lassen Sie Ihr Fahrzeug dort auf dem Parkplatz stehen und folgen Sie dem Wanderpfad, der parallel zur Straße Richtung Lillnipen verläuft, sofern dieser gangbar ist.

☺ Wenn Sie auch einmal das Erlebnis genießen wollen, frei, ohne Wegvorgaben, in der Natur zu wandern, bietet sich diese Möglichkeit im Anschluss an die oben beschriebene Tour. Sie folgen keiner vorgegebenen Route, sondern suchen sich eigene Wege im Gelände, laufen auf Sicht und genießen das Gefühl unbegrenzter Freiheit. Orientierung mit dem GPS oder mit Karte und Kompass können Sie nun in weglosem Gelände ausprobieren. Die Gegend zwischen Lillnipen und dem Städjan eignet sich gut für solche Experimente, da sie baumlos ist, freie Sicht gewährt und aus relativ trockener Fjällheide besteht.

Zwischen dem Sommerparkplatz unterhalb des Lillnipen und dem weiter entfernten Städjan erstreckt sich über einen Hügel und das nachfolgende Gebiet ein Kalfjäll, in dem es sich leicht auch ohne Weg wandern lässt.

Steigen Sie z. B. zunächst ein Stück den Hügel hoch und bewundern Sie die große Ansammlung von Steinmännchen, die sich hier ein Stelldichein geben. Vielleicht haben Sie oder Ihre Kinder Lust, die Versammlung zu vergrößern. Danach suchen Sie nach Lust und Laune eigene Wege hinüber zum Städjan, dessen markanter Gipfel vor Ihnen auftaucht, wenn Sie die Hügelkuppe erreicht haben. Folgen Sie einer der vielen undeutlichen Trittspuren, die oft im Nichts enden, oder laufen Sie neue Wege. (Nehmen Sie dabei Rücksicht auf den Pflanzenwuchs.) Versuchen Sie dabei vorausschauend das Gelände einzuschätzen, um die bestmögliche Route zu finden. Es gibt keine angelegten Raststellen, also suchen Sie sich selbst bequeme Rastplätze im Gelände.

Lassen Sie Ihrer Fantasie freien Lauf, wenn Sie den Städjan vor Augen haben. Stellen Sie sich vor, dass Sie wie in Tolkiens „Der kleine Hobbit“ mit den Zwergen auf den „Einsamen Berg“ zulaufen. Oder werden Sie zum Waldläufer, der unentdecktes Land zum ersten Mal durchwandert.

Testen Sie Ihre Orientierungsfähigkeit. Wie gut können Sie mit Karte und Kompass oder dem GPS-Gerät umgehen? Finden Sie mit diesen Hilfsmitteln den Weg zurück zum Parkplatz am Lillnipen, der bald hinter dem Hügel verschwindet, wenn Sie weiterlaufen?

Sie stoßen auf unmarkierte Pfade. Finden Sie diese in der Karte? Wenn Sie den Städjan erreichen, können Sie sich entscheiden, umzukehren oder ihn über einen Wanderweg zu besteigen.

Auf den Lillnipen

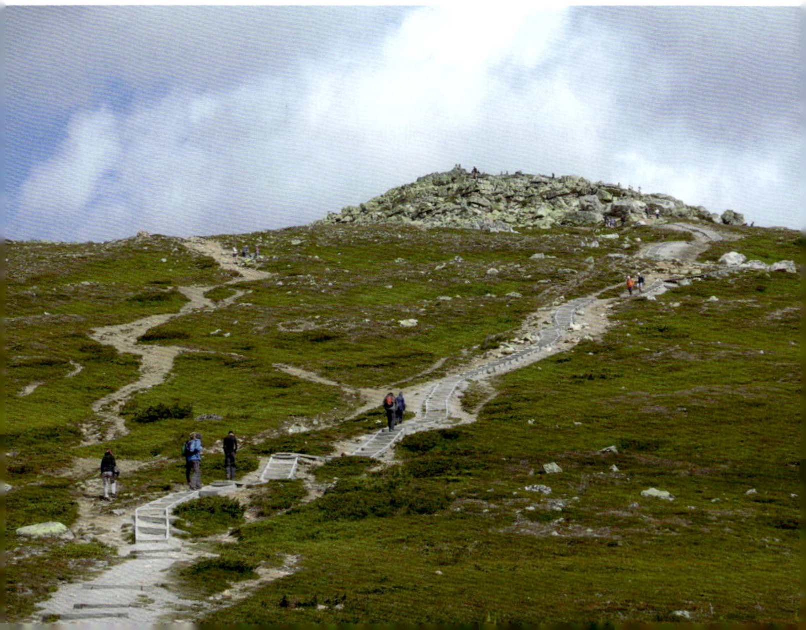

6 Nach Sylen und mit dem Boot zurück

WC

Aussichtsreiche Tour für Familien mit Chancen auf Rentierbeobachtungen

Die grenzüberschreitende Wandertour führt weitgehend über aussichtsreiches Kalfjäll, auf dem Sie gute Chancen haben, Rentiere zu sehen. Von der Sjöstugan steigen Sie bis zum Grenzzaun zwischen Schweden und Norwegen und weiter auf einen kleinen Pass zwischen zwei Höhenzügen hinauf. Der Abstieg wird im letzten Teil sehr steinig. Dafür können Sie den Rückweg bequem per Boot über den Grövelsjön zurücklegen. Auf dieser Bootstour begegnet Ihnen ein Relikt aus dem Zweiten Weltkrieg, ein abgestürzter deutscher Bomber, dessen Überreste heute noch aus dem Wasser des Sees ragen.

→ Start: Wendeplatz an der Sjöstugan, GPS N 62°06.384´ E 012°17.835´; Ziel: Bootsanleger Sylen, GPS N 62° 06.447´ E 012° 17,775´

9,6 km (ohne Bootsfahrt)

3 Std. 25 Min. (plus 20-35 Min. für die Bootsfahrt)

↑↓ 294 m/298 m

⇧ 764-1.061 m

Wegweiser, rote Farbmarkierungen an Steinen und Bäumen, rotes T in Norwegen

Wanderpfad, auf der schwedischen Seite gut ausgebaut, im Abstieg nach Sylen teilweise sehr steinig

Sjöstugan (Start/Ziel)

Immer wieder finden sich schöne Stellen zum Rasten in der Natur, z. B. entlang des kleinen Bergbachs.

WC Trockentoilette an den Parkplätzen (Start/Ziel)

Nach dem Verlassen der Baumgrenze haben Kinder viel Freiheit, das Gelände zu erforschen. Bergbäche verlocken bei guten Wetterverhältnissen zu Spielen im und am Wasser. Der Abstieg nach Sylen ist beschwerlich.

Der steinige Abstieg nach Sylen ist für Hunde anstrengend.

P Gebührenfreie Parkplätze an der Straße Sjövägen zur Sjöstugan. Die Anfahrt erfolgt von Idre aus in Richtung Grövelsjön.

Achten Sie bei der Anfahrt auf Rentiere. Oft befinden sich kleinere Gruppen oder Einzeltiere auf der Straße, die Fahrzeugen nicht immer ausweichen, sondern vor ihnen herlaufen oder willkürlich die Seiten wechseln.

Es gibt eine tägliche Busverbindung zwischen Mora und Grövelsjön, der Bus hält an der Fjällstation. Fahrplan und Preise finden Sie unter dalatrafik.se.

Die Rückfahrt mit dem Boot muss im Voraus gebucht werden (☞ unten).

Wenn Sie in diesem Bereich mehrere Touren machen wollen, empfiehlt es sich, einige Tage zu bleiben. Übernachtungsmöglichkeiten finden Sie in der STF-Fjällstation Grövelsjön (☞ Tour 7) oder in der Sjöstugan (☞ unten).

Die Wanderung beginnt am Wendeplatz bei der Sjöstugan.

Sjöstugan, Sjövägen 14, 790 91 Idre, ☏ +46/(0)25 32 30 45, sjostugan.nu, info@sjostugan.se, ganzjährig geöffnet, Campingplatz, Zimmer und Hütten, Stellplatz pro Tag SEK 300, Zimmerpreis SEK 400-990, Boottaxi (*båttaxi*) nach Sylen

Eine Hängebrücke führt über den Abfluss des Grövelsjön. Ein Stück dahinter weist ein Wegweiser rechts nach Sylen. Danach führt der Weg in sanfter Steigung durch lichten Kiefernwald nach oben. Der Weg wird auch als „Linnéstigen" bezeichnet, da der bekannte schwedische Naturforscher Carl von Linné 1734 hier gewandert ist. Fjällheide und Heidelbeeren bedecken den Boden unter den Bäumen, große Ameisenhaufen ragen hier und da in die Höhe. Der breite Weg ist gekiest und leicht zu gehen. Kleine, einfache Sitzbänkchen an oder auf Steinen laden Spaziergänger zum Ausruhen ein. Viel schöner ist es aber, wenn Sie direkt in der weichen Fjällheide lagern.

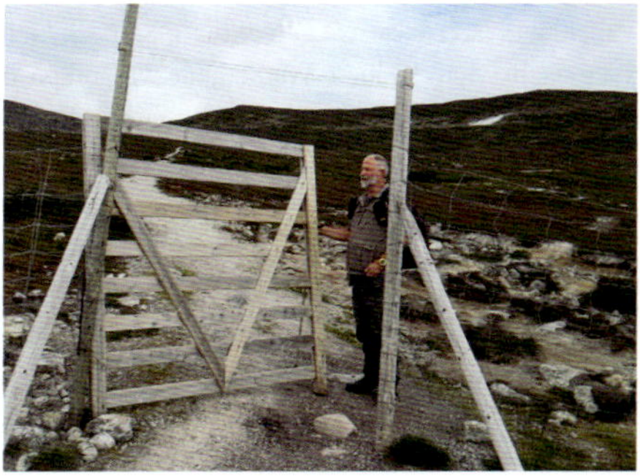

An der Grenze zu Norwegen

Bald erreichen Sie die Waldgrenze und haben im Kalfjäll immer freiere Sicht auf die Landschaft. Mit etwas Glück können Sie hier Rentiere beobachten.

Nach 2,8 km überschreiten Sie die Grenze nach Norwegen ❶. Ein Rentierzaun trennt hier die Weidegebiete der verschiedenen Samengemeinschaften. Davor sind auf der rechten Seite *rengärden* zu sehen, Einzäunungen, die beim Zusammentreiben der Rentierherden gebraucht werden. Sie durchschreiten den

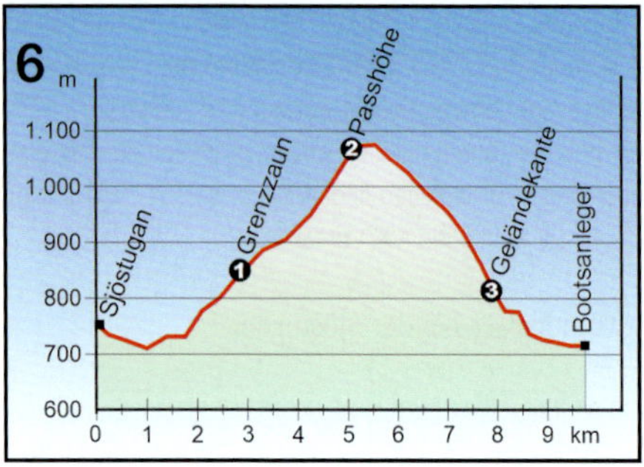

Zaun durch ein Tor und befinden sich nun in Norwegen, worauf auch ein verblasstes gelbes Schild hinweist: „Riksgräns Norge".

Den Unterschied bemerken Sie sofort. Der Ausbau des Wanderweges hört auf, der Weg wird zu dem üblichen, etwas steinigen Wanderpfad im Fjäll. Außerdem beginnt hier die norwegische Wegmarkierung. Der rote Farbfleck wird von einem roten T abgelöst, das auch auf den Wegweisern zu finden ist. Ein kleiner Bergbach begleitet den Pfad ein Stück. An ihm lässt es sich wunderbar rasten. Kinder können in der übersichtlichen Landschaft frei auf Entdeckungsreise gehen.

Beim Weitergehen überqueren Sie schließlich den Bergbach und kommen an eine Abzweigung, die links nach Valdalen führt. Folgen Sie dem Weg nach Sylen und überschreiten Sie den kleinen Pass zwischen der Sjöhöjden und dem Salsfjäll ❷ (km 4,9). Nach einer kurzen ebenen Strecke erreichen Sie eine weitere Weggabelung. Nach links zweigt hier der Pfad nach Svukuriset ab, Sie bleiben auf dem Weg nach Sylen. Kleinere Wasserläufe werden problemlos gequert. Häufig zeigen sich in diesem Gebiet Rentiere. Langsam senkt sich der Pfad. Im Nordosten wird der Grövelsjön wieder sichtbar. Der Abstieg führt über mehrere Geländestufen nach unten. An der letzten Kante ❸ (km 8,3) taucht in der Tiefe das Delta des Röa auf, der den Grövelsjön speist. Die Gehöfte des Ryvang Gård werden sichtbar und der Bootsanleger ist zu erkennen, von dem aus Sie die Rückfahrt zur Sjöstugan antreten können. Es empfiehlt sich, an dieser Geländekante noch einmal zu rasten und den Ausblick zu genießen, denn der weitere Abstieg ist beschwerlich.

Mehrere Trittspuren führen nach unten. Folgen Sie der Hauptspur, die auch durch Steinmännchen markiert ist. Steil und steinig geht es in die Tiefe. Die Markierung ist streckenweise dürftig und wird erst im Wald wieder besser. Bald laufen Sie zwischen Birken. Der Pfad windet sich um die Bäume, klettert über Geröllhalden und führt kontinuierlich abwärts. Viele Blumen blühen unter den Birken, unter anderem große Polster der zierlichen Linnea. Auch hier findet man beeindruckende, fast mannshohe Ameisenhaufen.

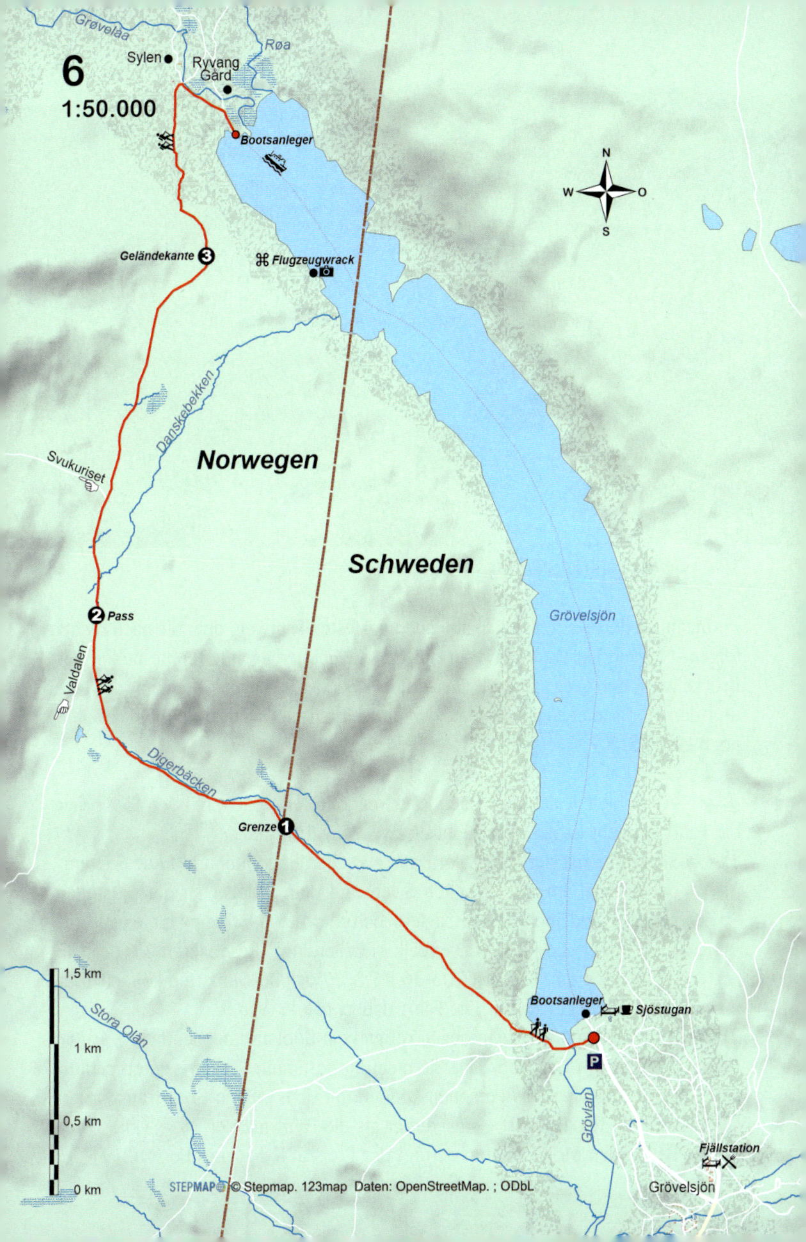

6
1:50.000
Grøvelaa
Røa
Sylen
Ryvang Gård
Bootsanleger
N
W
O
S
Geländekante 3
Flugzeugwrack
Danskebekken
Norwegen
Svukuriset
Schweden
Grövelsjön
2 Pass
Valdalen
Digerbäcken
Grenze 1
1,5 km
1 km
0,5 km
0 km
Stora Olån
Bootsanleger
Sjöstugan
P
Grövlan
Fjällstation
Grövelsjön
STEPMAP © Stepmap. 123map Daten: OpenStreetMap. ; ODbL

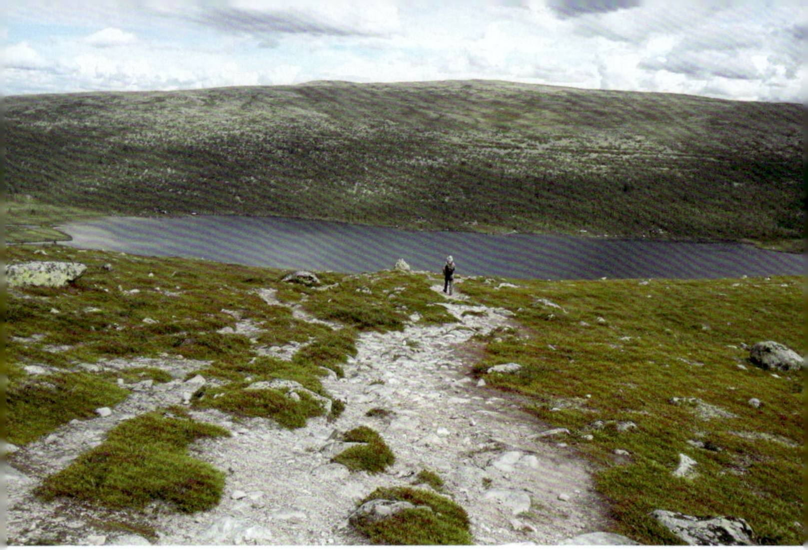

Über Geländestufen geht es nach unten

Im Tal stoßen Sie schließlich auf einen gekiesten Fahrweg, dem Sie nach rechts folgen. Nur ein kleiner Wegweiser auf der gegenüberliegenden Seite neben der Brücke weist den Weg: „Båt till Grövelsjön". Bei km 9,6 haben Sie dann den See und den Bootsanleger erreicht. Leider finden sich hier weder Sitzmöglichkeiten noch ein WC.

Wenn Sie mit dem Boot den Rückweg antreten wollen, müssen Sie vorher die Fahrt gebucht haben. Dazu gibt es zwei Möglichkeiten:

1) Sie fahren mit der M/S Sylöra, die zwischen Ende Juni und Ende September dreimal am Tag zwischen Sylen und dem Anleger an der Sjöstugan verkehrt und mehrere Passagiere befördern kann. Liegen für eine Fahrt keine Reservierungen vor, entfällt sie allerdings. Reservieren Sie deshalb vorab unter ☏ +46/(0)7 03 36 25 80. Auch bei Starkwind können Touren eingestellt werden. Die Fahrt dauert ca. 35 Min.

2) Alternativ können Sie in der Sjöstugan ein Bootstaxi buchen (☏ +46/(0) 25 32 30 45). Dabei sind Sie nicht an bestimmte Abfahrtszeiten gebunden. Drei bis sechs Personen können mit dem kleinen Boot transportiert werden. Die Fahrt ist etwas kürzer als die Fahrt mit der M/S Sylöra.

Bei beiden Möglichkeiten beträgt der Preis SEK 150 pro Person.

⌘ 📷 Auf der Bootsfahrt können Sie in der Nähe der norwegischen Grenze ein Relikt aus dem Zweiten Weltkrieg sehen (bei beiden Fahrtmöglichkeiten). Ein deutscher Bomber ist hier abgestürzt, sein Wrack liegt im Wasser des Sees. Die Bootsführer informieren über seine Geschichte. Die Heinkel He 111 konnte die Basis in Trondheim nicht mehr erreichen und musste hier notlanden. Die Besatzung überlebte und begab sich zum Ryvang Gård in der Nähe, von wo sie am nächsten Tag von einem Wasserflugzeug der deutschen Truppen, die Norwegen besetzt hatten, abgeholt wurde. Das Flugzeugwrack wurde in der folgenden Zeit von der ortsansässigen Bevölkerung ausgeschlachtet. Aus den Motoren baute man Elektrogeneratoren, die mit dem in den Tanks befindlichen Treibstoff betrieben werden konnten. Fallschirmseide wurde zu Brautkleidern umgenäht. „Schwerter zu Pflugscharen" kann man hier sagen.

Die Sylöra

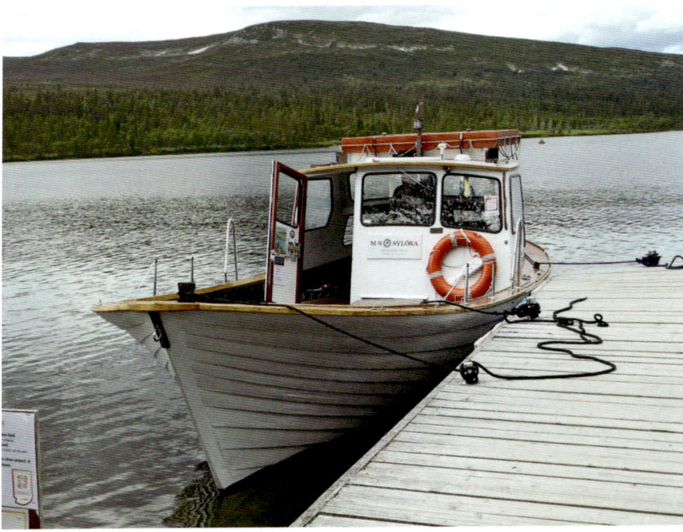

Am Ende der Bootsfahrt erreichen Sie den Anleger an der Sjöstugan, dem Ausgangspunkt Ihrer Wanderung.

7 Auf die Jakobshöjden

Aussichtsreiche Gipfeltour für Familien

Die Wanderung führt zunächst zur Fjällstation Grövelsjön. Der Weg dorthin folgt teilweise dem Trollstig, einem für Kinder angelegten Pfad mit allerlei Trollfiguren am Wegrand. Wenn Sie mit Kindern unterwegs sind, müssen Sie hier etwas Zeit einkalkulieren, denn für Ihre Kinder wird es ein Vergnügen sein, die versteckten Figuren zu suchen. Hinter der Fjällstation steigt der Weg oft steil zum Gipfel der Jakobshöjden auf, von dem aus man eine weitreichende Aussicht über die Berge Härjedalens und Norwegens, sowie den Grövelsjön hat.

Start/Ziel: Wendeplatz an der Sjöstugan, GPS N 62°06.384´ E 012°17.835´
8,2 km
3 Std.
295 m/295 m
782-1.077 m
rote Farbmarkierungen, oberhalb der Baumgrenze mit weißen Farbflecken auf hellen Steinen schlecht sichtbar markiert
teilweise steiniger Pfad
Sjöstugan (Start/Ziel), Fjällstation Grövelsjön (km 1,3)
aus Steinen zusammengesetzter Windschutz auf dem Gipfel (km 4,1)
WC Trockentoilette am Parkplatz (Start/Ziel)
Auf dem Wegstück über den Trollstig finden sich viele Trollfiguren am Wegrand.
Es gibt kein Wasser auf der Tour
P gebührenfreie Parkplätze an der Straße Sjövägen zur Sjöstugan, zur Anfahrt ☞ Tour 6
tägliche Busverbindung zwischen Mora und Grövelsjön, ☞ Tour 6
alternativer Rückweg möglich

Der Weg beginnt am Wendeplatz gegenüber den Informationstafeln und führt über viele Verzweigungen in Richtung der Fjällstation Grövelsjön. Zunächst laufen Sie bequem auf Stegen über eine moorige Lichtung, dann umfängt Sie ein lichter Mischwald. Ein Pfad kreuzt den Ihren, folgen Sie den roten Markierungen an den Bäumen und gehen Sie weiter geradeaus. An der nächsten Weggabelung halten Sie sich links, an der darauf folgenden Gabelung geradeaus.

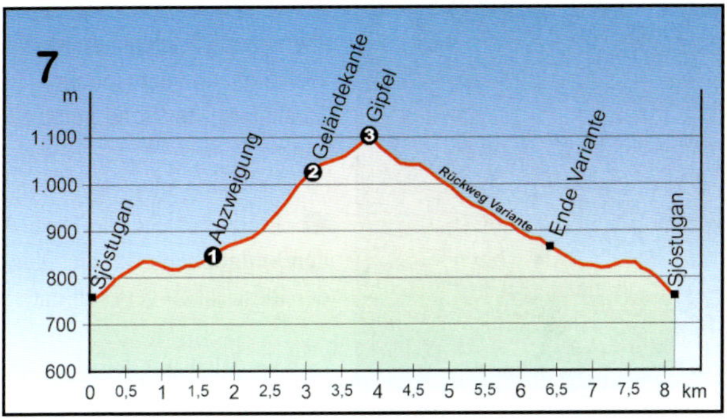
7
m
1.100
1.000
900
800
700
600
Sjöstugan
Abzweigung
1
Geländekante
2
Gipfel
3
Rückweg Variante
Ende Variante
Sjöstugan
0 0,5 1 1,5 2 2,5 3 3,5 4 4,5 5 5,5 6 6,5 7 7,5 8 km

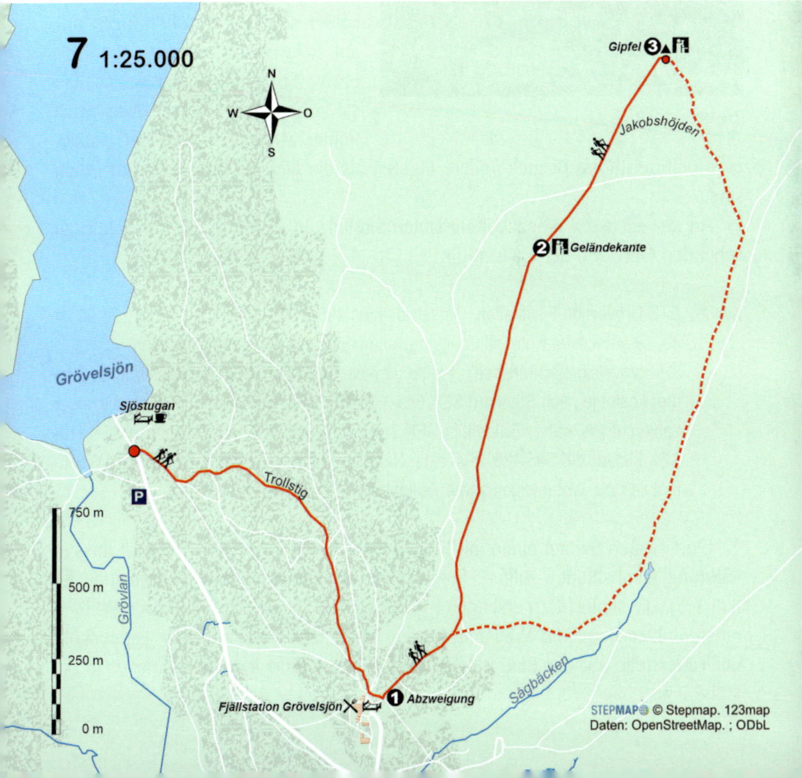
7 1:25.000
N
W
O
S
Gipfel 3
Jakobshöjden
2 Geländekante
Grövelsjön
Sjöstugan
Trollstig
P
750 m
500 m
250 m
0 m
Grövlan
Sågbäcken
Fjällstation Grövelsjön
1 Abzweigung
STEPMAP © Stepmap. 123map
Daten: OpenStreetMap. ; ODbL

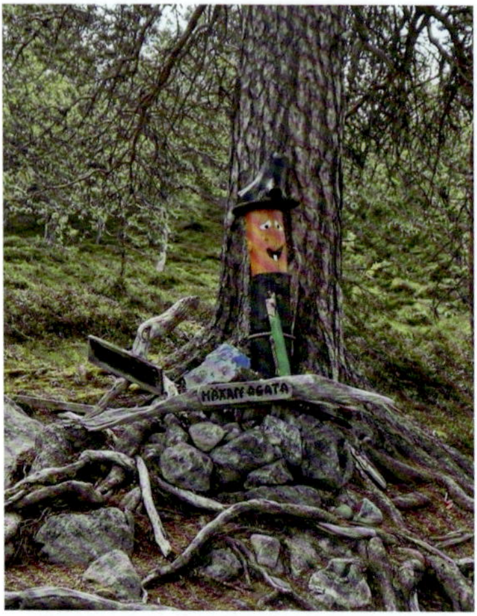

Hexe Agata

Jetzt wird der Pfad für Kinder abenteuerlich, denn er ist Teil des Trollstig, an dem immer wieder Trollfiguren am Rand versteckt stehen.

📷 Entdecken Sie die Hexe Agata, den Jordgubben oder die Dinge, die der Riese Jakob verloren hat.

Die Jakobshöjden, auf die Ihr Weg führt, sollen in Wirklichkeit der Bauch des schlafenden Riesen sein. Leider sind alle Beschriftungen nur auf Schwedisch verfasst, aber mit etwas Sprachbegabung kann man sie übersetzen. Der Weg wird immer wieder neu angelegt, sodass eventuell bei Ihrem Besuch andere Figuren als die hier beschriebenen zu sehen sind.

An der nächsten Weggabelung laufen Sie links in Richtung der nun schon zu sehenden Gebäude der Fjällstation.

🛏 ✕ STF Grövelsjön Fjällstation, Grövelsjövägen 495, 79091 Idre, ☎ +46/(0)1 01 90 24 30, 💻 www.svenskaturistforeningen.se/boende/stf-grovelsjon-fjallstation/, ✉ grovelsjon@stfturist.se, 🚪 Mitte Juni bis Ende Sep. Die Übernachtung im Zimmer kostet je nach Standard SEK 665-1.265 (für Mitglieder des STF, Nichtmitglieder zahlen etwas mehr). Zeltgebühr SEK 250, Frühstück SEK 110-120, Lunch SEK 110-120, Middag SK 395-425. In direkter Nähe zur Station gibt es Standplätze für Wohnmobile bzw. Wohnwagen sowie Zeltplätze.

Dort stoßen Sie auf einen mit Stegen versehenen Weg, dem Sie nach links in Richtung Jakobshöjden folgen. Kurz darauf erreichen Sie eine Abzweigung ❶ (km 1,5), die schlecht zu erkennen ist und bei der Sie auf die Wegführung achten müssen. Der bequeme Weg mit Stegen biegt nach links zu einer Lappenkote mit Feuerstelle ab, der Pfad zu den Jakobshöjden führt jedoch geradeaus in die Höhe.

Der Pfad verläuft steinig und steil durch den Wald nach oben. Die roten Markierungen auf den Steinen sind nur schwer zu erkennen. Sie laufen nun ein kurzes Wegstück auf dem legendären Kungsleden, der sich von Abisko hoch im Norden bis hier herunter zieht. Steigen Sie den Hang hinauf, bis Sie auf der Höhe auf einen Wegweiser stoßen. Das Schild weist nach links: „Jakobshöjden 2 km".

Der Pfad, dem Sie nun folgen, ist zunächst blau und weiß markiert. Für Sie gelten die weißen Markierungen, die auf den hellen Steinen allerdings oft kaum zu sehen sind. Offener Birkenwald hat nun die Nadelbäume abgelöst, die Sicht wird freier, je höher Sie steigen.

Bald biegt der Pfad mit der weißen Markierung nach rechts ab, die blaue Markierung führt geradeaus weiter. Sie steigen nun langsam über die Baumgrenze und können im Kalfjäll die weite Aussicht über das Land genießen. Viele Trittspuren führen in die Höhe, achten Sie auf die Markierungen.

An einer Geländekante erreichen Sie die Stelle ❷ (km 3), an der Sie zum letzten Mal den Grövelsjön in all seiner Schönheit unter sich sehen können. Dann verschwindet die Sicht auf den See und Sie steigen weiter über verschiedene Geländestufen dem Gipfel entgegen. Das letzte Stück führt durch Geröll, dann haben Sie den höchsten Punkt der Jakobshöjden erreicht ❸ (km 4,1).

Blick auf den Grövelsjön

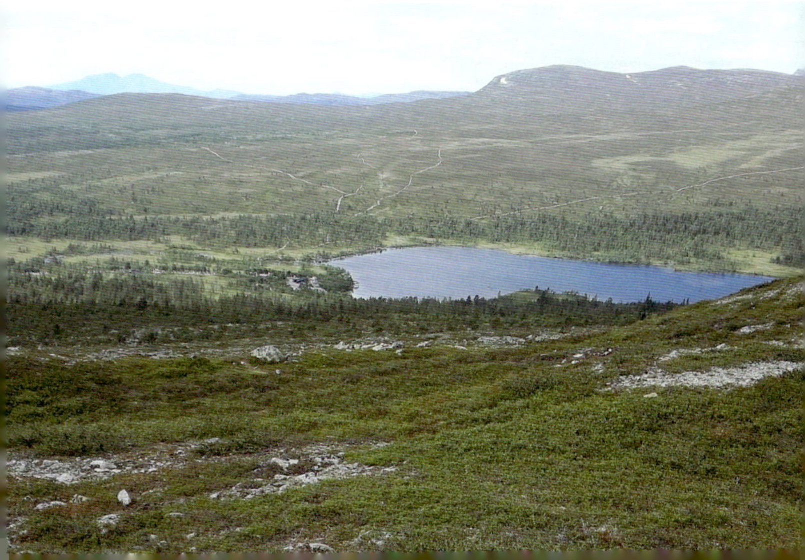

Ein fantastisches Panorama belohnt Sie für die Mühe des Aufstiegs. Der Blick geht weit über die Fjälls und Wälder. Im Südosten ragt der Gipfel des Storvätteshågna in die Höhe, des höchsten Berges in Dalarna.

Zwerg am Trollstigen

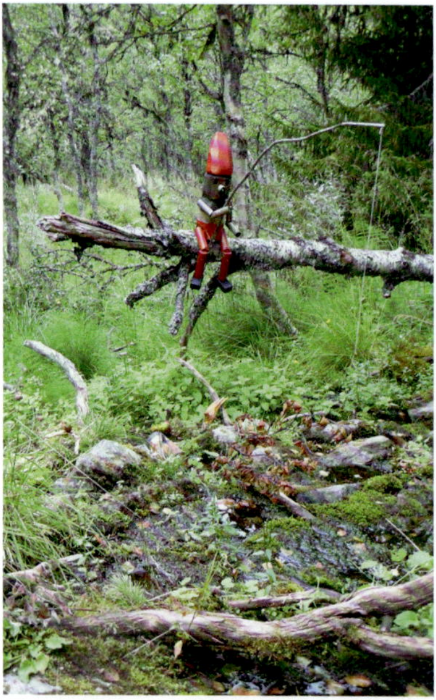

Auch auf ihn führen Wanderpfade, die Wanderung ist jedoch lang und beschwerlich. Auf den Jakobshöjden befinden sich ein Sendemast, eine Trafostation und eine Holzhütte. Für eine Rast hier oben bietet Ihnen allerdings nur ein niedriges, halbrundes Mäuerchen aus aufgeschichteten Steinen Schutz gegen den allgegenwärtigen Wind.

Für den Abstieg nehmen Sie denselben Weg wie für den Aufstieg. Im Restaurant der Fjällstation können Sie dabei noch eine Kaffeepause machen – oder Sie laufen direkt bis zur Sjöstugan zurück und bestellen dort die hervorragenden Waffeln mit *hjortronsylt.* Bei den vielen Verzweigungen zwischen der Fjällstation und der Sjöstugan folgen Sie immer der Beschilderung „Sjöstugan".

Alternativ können Sie über eine andere Route zurück zur Fjällstation laufen. Sie steigen dabei in südöstlicher Richtung auf dem breit ausgetretenen Pfad ab, bis Sie den Wanderweg erreichen, der nach rechts wieder zurück zur Fjällstation führt.

☺ Laufen Sie mit Kindern den Trollstig einmal in aller Ruhe. Sie werden mehr Vergnügen dabei haben, wenn Sie nicht unter dem Zeitdruck einer Wandertour stehen.

8 Zum Silverfallet

WC

Genusstour für Familien mit Kindern

Die gemütliche Wanderung zu diesem beliebten Ausflugsziel führt zunächst an einem idyllisch gelegenen Rastplatz mit Grillgelegenheit am Stora Olån, einem kleinen Bach, an dem Kinder schön am Wasser spielen können. 1 km weiter erreicht man den malerischen kleinen Wasserfall mit einer Fallhöhe von 3 m, an dem es sich herrlich rasten und planschen lässt. Der Rückweg über freie Fjällheide bietet weite Ausblicke über die Landschaft.

Start/Ziel: Wendeplatz an der Sjöstugan, GPS N 62°06.384´ E 012°17.835´
7 km
2 Std
151 m/151 m
768-886 m
zum Teil Wegweiser, rote Farbmarkierungen
oft ebener Untergrund, ein steiniger Abschnitt
Sjöstugan (Start/Ziel)
Windschutz am Stora Olån (km 2,6)
WC Trockentoilette am Parkplatz und am Stora Olån (km 2,6
viele Möglichkeiten, am Wasser zu spielen
leicht zu laufender Untergrund, Wasser am Stora Olån
P gebührenfreie Parkplätze an der Straße Sjövägen zur Sjöstugan, zur Anfahrt ☞ Tour 6
tägliche Busverbindung zwischen Mora und Grövelsjön, ☞ Tour 6

Die Wanderung beginnt am Wendeplatz vor der Sjöstugan. Folgen Sie dem Schild „Silverfallet". Der Weg führt über eine Hängebrücke, die den Abfluss des Grövelsjön überquert. Dahinter gabelt sich der Weg. Halten Sie sich links in Richtung Silverfallet.

Sie laufen nun durch lichten Wald aus Kiefern und Birken. Fjällheide bedeckt den Boden. Der leicht ansteigende Weg ist gut ausgebaut, oft mit Stegen. Bald werden die Bäume weniger, der Blick weitet sich.

An einer Weggabelung ist der Silverfallet gleich zweimal beschildert, wählen Sie die linke Variante. An der nächsten Gabelung gibt es keine Beschilderung mehr. Biegen Sie auf den nach links führenden Weg ab, der auch als Winterweg mit den typischen roten Wegkreuzen markiert ist. Wenn Sie stattdessen geradeaus weiterlaufen, gelangen Sie direkt an den Wasserfall. Der Weg über die Raststelle am Stora Olån ist aber reizvoller.

Bald laufen Sie oberhalb der Baumgrenze, nur noch einzelne Kiefern sind zu sehen und Sie haben einen weiten Ausblick über den hinter Ihnen liegenden Grövelsjön und die umliegenden Fjälls. Der Wanderpfad zieht sich ohne nennenswerte Steigung ein langes Stück über die Fjällheide am Hang entlang in die Ferne. Es ist ein Genuss, in diese Weite hineinzulaufen. Dann geht es langsam abwärts in einen Birkenwald. Hier beginnt ein steiniges Wegstück, auf dem sich der schmal gewordene Pfad durch die Bäume windet.

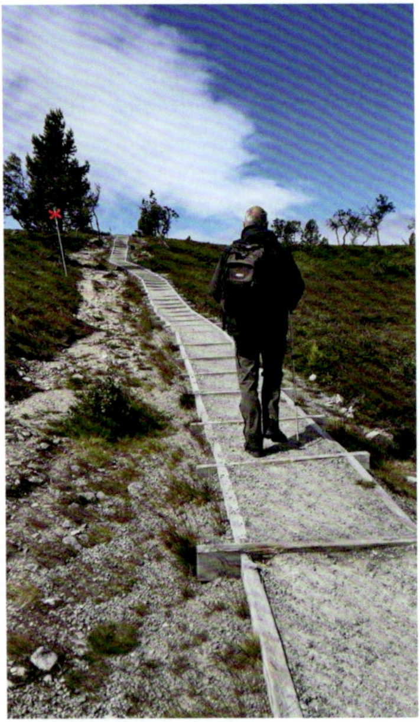

Auf gut ausgebautem Weg geht es bergauf

Nach 2,6 km erreichen Sie in einer Senke die Raststelle am Stora Olån ❶. Ein größerer Windschutz an dem kleinen Bach bietet Ihnen auch bei schlechtem Wetter eine Rastmöglichkeit. Der Rastplatz verfügt über eine Trockentoilette und eine überdachte Feuerstelle mit Holz und Säge.

Im grasbewachsenen Boden der Senke schlängelt sich der Wasserlauf des Stora Olån vorbei. Hier kann man gut im Gras picknicken, für Kinder bietet der kleine Bach bei gutem Wetter genügend Spielmöglichkeiten. Ringsumher liegt eine von Bäumen durchsetzte Wiesenlandschaft. Ab und zu streifen Rentiere zwischen den Birken umher.

Diese Wiesen sind sogenannte *slåtterängar*. Darunter versteht man artenreiche, meist feuchte Wiesen, die entfernt von den Bauernhöfen lagen und für die Heuernte mit der Hand gemäht werden mussten. Noch heute wird diese Tradition in manchen Gebieten gepflegt, um die Landschaft zu erhalten.

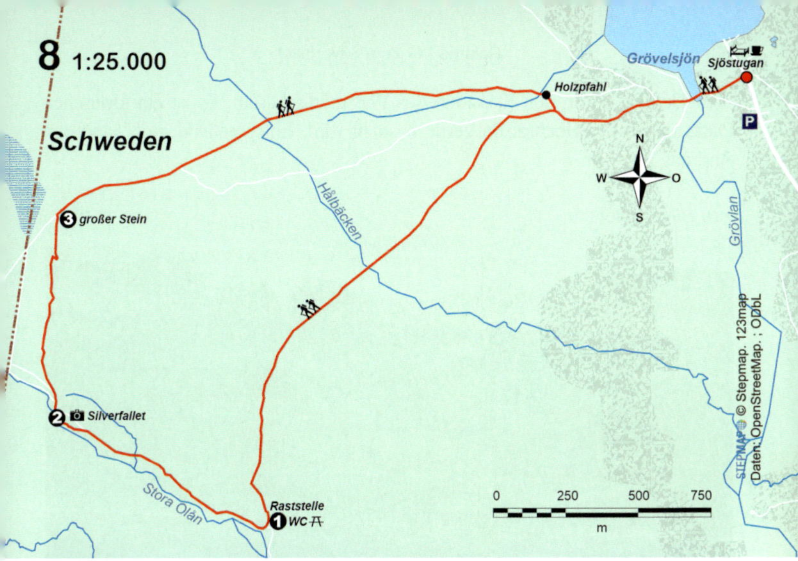

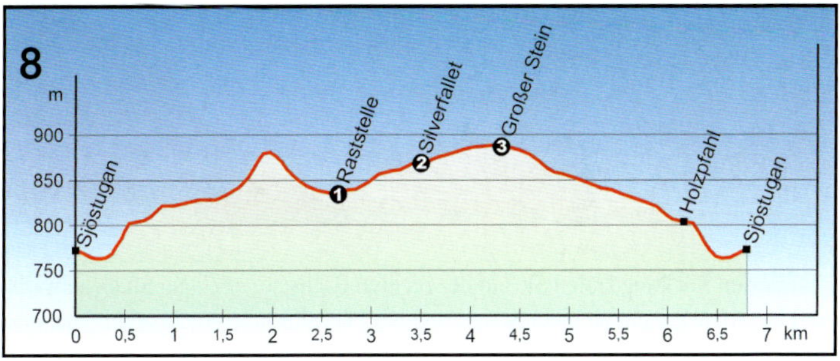

Ein Wegweiser zeigt noch 1 km bis zum Silverfallet an. Sie folgen nun dem Lauf des Stora Olån aufwärts. Der vielfach mit Stegen versehene Pfad steigt durch Birkenwald, der immer lichter wird, langsam in die Höhe. Einige Rinnsale werden ohne Mühe gequert. Der Bach bekommt immer mehr Gefälle, bis Sie in einer kleinen Schlucht den Silverfallet erreichen ❷ (km 3,4), der hier mit etwa 3 m Fallhöhe über eine Geländestufe stürzt.

Oft liegt noch bis in den Sommer hinein ein Schneefeld an schattiger Stelle am steilen Hang, den die Sonnenstrahlen nur selten erreichen. Das kleine Tal lädt mit seinen grasbewachsenen Hängen zum Rasten ein. Machen Sie es sich bequem oder klettern Sie in den Kaskaden des Wasserfalls herum. Es ist ein idyllischer Platz, der in der Hochsaison gerne besucht wird. Entsprechend groß kann der Andrang hier sein.

Am Silverfallet

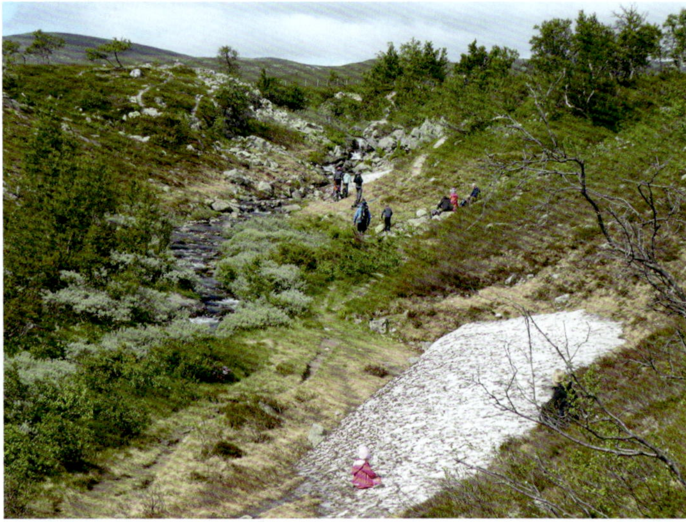

Für den Rückweg laufen Sie auf der rechten Bachseite noch ein Stück aufwärts und halten sich dann an einen ausgetretenen Pfad, der nach rechts führt, parallel zu dem Grenzzaun zu Norwegen, den man oberhalb sehen kann. Eine sumpfige Stelle ist leider nicht mit einem Steg überbrückt.

Bald stoßen Sie auf einen großen Stein, auf dem kleinere Steinmännchen stehen ❸ (km 4,5). An ihm biegen Sie rechts auf einen Pfad ab, der Sie zurück zum Ausgangspunkt bringt. Erneut laufen Sie mit herrlicher Fernsicht über die weite, offene Fjällheide, bis an einer Geländestufe der Grövelsjön wieder sichtbar wird. Der Weg senkt sich nun bis zur Waldgrenze. Kurz davor biegen Sie an einem Holzpfahl nach rechts auf einen Pfad ab, der zu dem Wegweiser führt, den Sie ein Stück weiter sehen können. Dort gelangen Sie wieder auf den Weg, auf dem Sie gekommen sind und den Sie nun bis zum Wendeplatz vor der Sjöstugan zurücklaufen.

Härjedalen

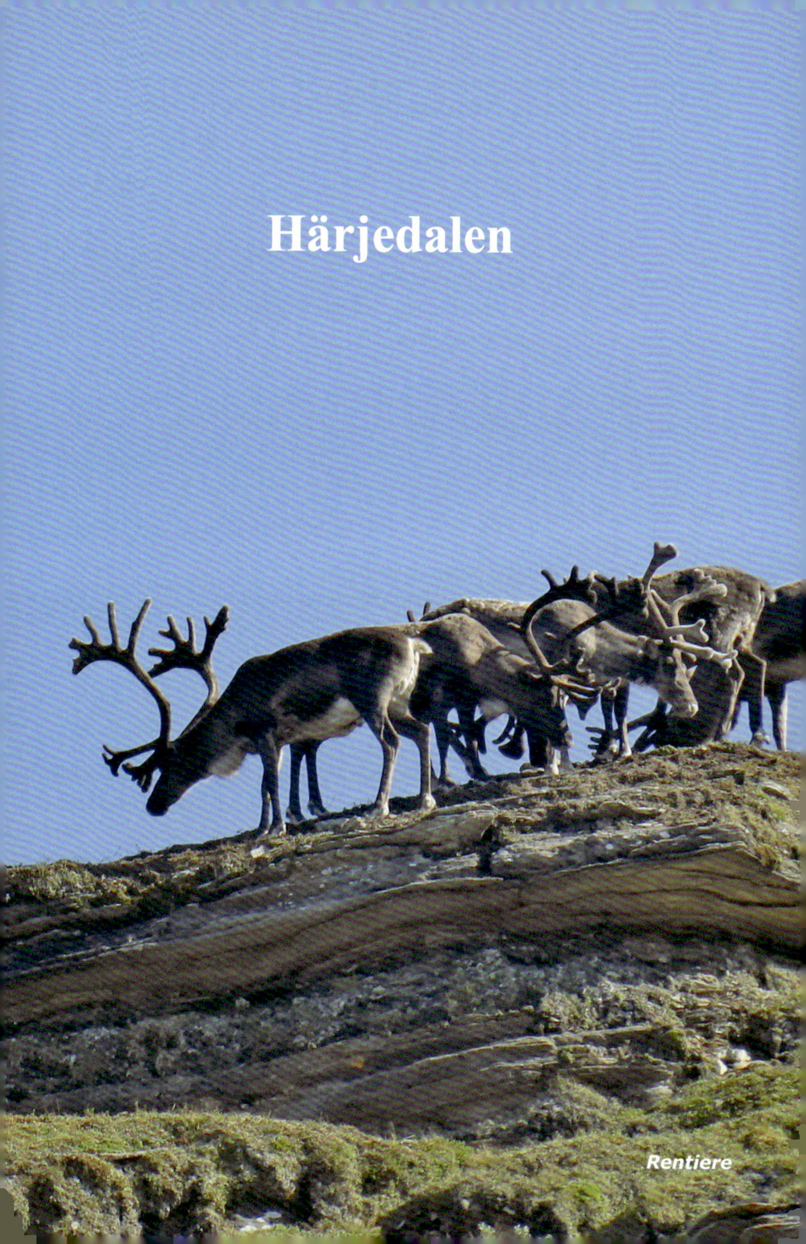

Rentiere

⑨ Wandern im Reich der Bären – auf das Lillfjäll

Kleine Gipfeltour für Familien

Die kurze, aber steile Bergtour führt Sie auf den kleinsten Gipfel des Sånfjälls. Da das Sånfjäll ein einzeln stehendes Gebirge in einer waldreichen Hügellandschaft ist, haben Sie eine weite Aussicht auf die umliegenden Wälder. In der Fäbod Nyvallen erleben Sie eine ursprüngliche Almwirtschaft, wie sie heute kaum noch betrieben wird.

- Start/Ziel: Parkplatz in Nyvallen, GPS N 62°19.055´ E 013°33.856´
- 2,8 km
- 1 Std.
- 237 m/237 m
- 774-1.011 m
- rote Farbmarkierung auf Steinen und Holzpfählen
- teilweise steinig, manchmal Holztreppchen als Aufstiegshilfen
- Fäbod Nyvallen (km 0,1)
- Rastmöglichkeit am Parkplatz (Start/Ziel)
- WC Trockentoilette am Parkplatz (Start/Ziel)
- Eine Gipfeltour, die auch Kinder nicht überfordert.
- Auf der Tour gibt es kein Wasser. Hunde müssen stets angeleint sein.
- P Gebührenfreier Parkplatz in Nyvallen mit Windschutz, Feuerstelle, Abfallbehältern und Trockentoiletten. Die Anfahrt erfolgt von Hedeviken aus. Biegen Sie vom Riksväg 84 ab und folgen Sie der Beschilderung „Sånfjället" nach Nyvallen. Die ca. 16 km lange Straße besteht zum großen Teil aus einer beschwerlichen Kiespiste mit Unebenheiten und Schlaglöchern.

Die Wanderung beginnt am Parkplatz von Nyvallen. Nach einer kurzen Strecke auf dem weiterführenden Fahrweg erreichen Sie die Fäbod Nyvallen, eine im Sommer bewirtschafteten, urige Alm (*levande fäbod*). Hier können Sie im Rahmen einer Führung den Alltag einer solchen Alm erleben.

Es werden oft selbst gebackener Kuchen und traditionelle Gerichte (*traditionell bumat*) angeboten.

Mittsommer bis Ende Sep

i Schautafeln und Broschüren informieren auf Schwedisch, Englisch und Deutsch in einem gut ausgestatteten Naturum über den Nationalpark Sånfjället und die Fäbod. Mehrere Wanderwege beginnen hier.

Der Nationalpark Sånfjället wurde 1909 als einer der ersten Nationalparks Schwedens gegründet, mit dem Ziel, das Wald- und Felsgebiet eines südlichen Fjälls, in dem es eine kleine Bärenpopulation gab, in seinem ursprünglichen Zustand zu erhalten. Der Park umfasst mittlerweile eine Fläche von 104 km². Die Bärenpopulation hat sich mit der Zeit so vergrößert und stabilisiert, dass das Sånfjäll für diese Tiere bekannt geworden ist. Dennoch werden Sie nur äußerst selten einen der scheuen Braunbären zu Gesicht bekommen. Mit etwas Glück können Sie aber ihre Spuren – ausgegrabene Ameisenhaufen, Kratzspuren an Bäumen, Fußspuren oder Losung – finden.

Neben dem Naturum zeigt neben den offiziellen Wegweisern ein handgemaltes Schild den Weg zum Lillfjäll. Auf einem mit roten Farbmarkierungen versehenen Weg geht es durch Mischwald an einem kleinem Bach (manchmal eher ein Rinnsal) entlang. Bald sperrt ein Schild den alten Pfad ab. Der Strom der Wanderer hat zu einer starken Abnutzung des Geländes geführt, die Trittspuren wurden immer breiter, wodurch immer mehr Vegetation zerstört wurde. Der neu angelegte Weg biegt nach rechts ab. Steinig geht es bergauf.

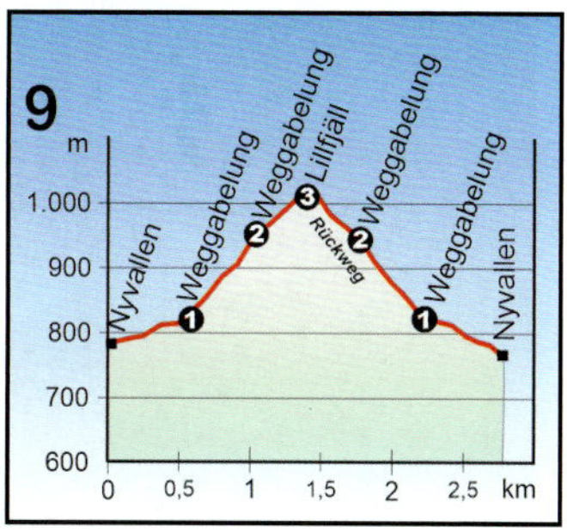

600 m nach dem Start gabelt sich der Pfad ❶. Rechts führt ein Weg hinüber in das entfernte Sododalen (☞ Tour 10). Auch weiter bergauf kann man auf einem längeren Weg ins Sododalen gelangen, das Lillfjäll ist mit 1 km ausgeschildert.

Birken ersetzen mit zunehmender Höhe den Nadelwald, dazwischen wachsen Wacholderbüsche und Heidelbeeren. Holztreppchen erleichtern an manchen Stellen den steiler werdenden

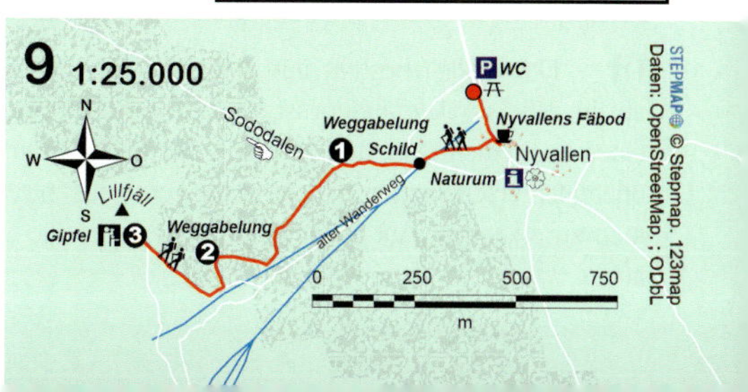

Anstieg. Eine kleine Rastbank findet sich auf der linken Seite des Pfades. Bald ist die Baumgrenze erreicht und überschritten. Ab hier eröffnen sich weite Blicke über die unten liegenden Wälder in die Ferne.

Bei km 1 erreichen Sie eine weitere Weggabelung ❷, die aber nicht beschildert ist. Geradeaus nach oben führt eine deutliche Trittspur, ein mit Planken versehener Weg zweigt nach links ab. Beide Wege führen zum Gipfel. Folgen Sie dem linken Weg, der zusätzlich im weiteren Verlauf durch rot markierte Holzpfosten gekennzeichnet ist, um weitere Abnutzungen des Bodens zu vermeiden. Immer wieder stoßen Sie auf Trittspuren, die in die Höhe führen. Bleiben Sie auf dem markierten Weg. Kurz vor dem kleinen Gipfel geht es noch einmal über Stege, dann haben Sie Ihr Ziel erreicht ❸ (km 1,4).

Wandern mit Ziegen

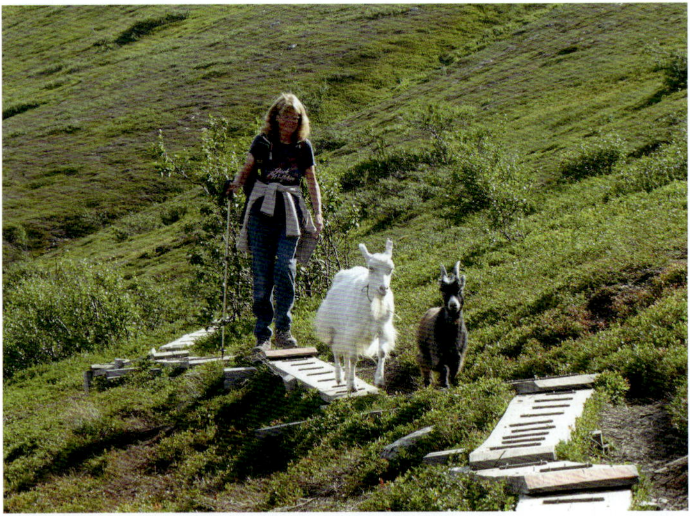

Das Lillfjäll besteht aus einer steinigen Kuppe, die an einer Seite steil abfällt. Wie so viele andere ist sie mit Steinmännchen verziert. Suchen Sie sich einen bequemen Platz und genießen Sie das Panorama. Unter Ihnen breiten sich unendlich erscheinende Wälder in die Ferne aus, Nyvallen ist zwischen den Bäumen zu erkennen. Auf der anderen Seite ragen die anderen Gipfel des Sånfjälls auf.

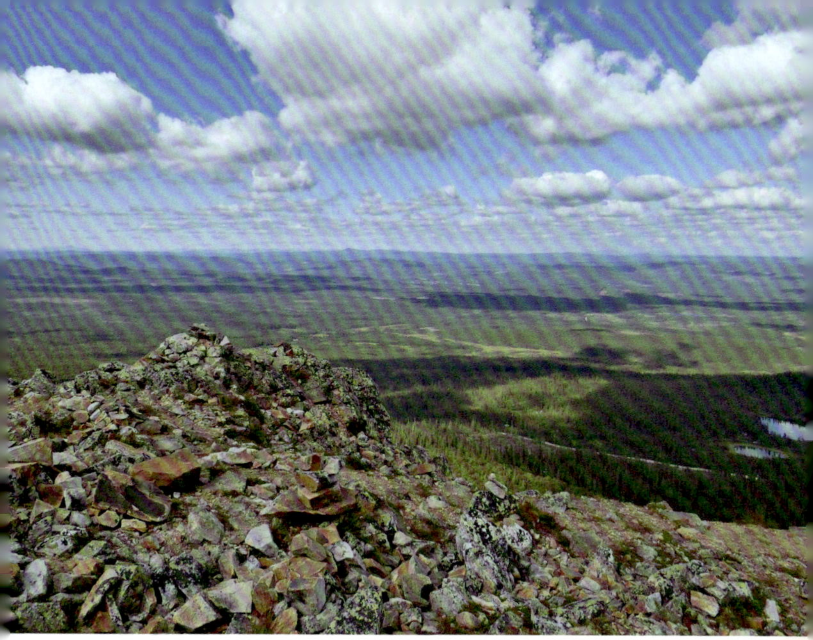

Gipfelblick

Rot markierte Holzpfähle zeigen am Berghang den Weg nach Sododalen, eine deutliche Trittspur führt weiter nach oben auf die nächsten Höhen. Wenn Sie Lust und Kondition haben, können Sie noch weiter aufsteigen, um weitere Ausblicke zu bekommen.

Der Rückweg erfolgt auf dem Weg, auf dem Sie hergekommen sind. Manchmal treffen Sie auf Ziegen, die hier frei weiden, gegen Abend aber zum Melken nach Nyvallen zurückkehren. Für Kinder sind die zahmen Tiere ein Erlebnis, besonders wenn sie mit Ihnen zurück zur Fäbod laufen.

⑩ Ins Sododalen

Tour für Freunde einsamer Wanderungen

Diese Tour führt ins Sododalen, das Herz des Sånfjälls. Es liegt inmitten des unwirtlichen, steinigen Gebirgszugs, der von Geröllhalden geprägt ist. Der Gebirgsbach Sodan sorgt hier für eine artenreiche Vegetation zwischen den kargen Höhen. Die Ruhe des Gebirges spürt man nirgendwo intensiver als hier.

- Start/Ziel: Wanderparkplatz in Nysätern, GPS N 62°17.345′E 013°25.320′
- 11 km
- 3 Std. 40 Min.
- 380 m/380 m
- 720-991 m
- Wegweiser, rote Farbmarkierungen
- oft sehr steinige Wege
- Nysätern an der Verlängerung der Zufahrtsstraße (☞ Variante)
- Sododalstugan mit Trockentoilette und Feuerstelle (km 5,5)
- WC Trockentoilette am Parkplatz (Start/Ziel) und an der Sododalstugan (km 5,5,)
- Für Kinder ist die Wanderung wegen der steinigen Wege anstrengend.
- Nur bei der Sododalstugan ist Wasser zu finden.
- P Parkplatz vor Nysätern. Die Anfahrt erfolgt von Hede aus. Biegen Sie im Ort bei der Beschilderung „Sånfjäll" vom Riksväg 84 ab. Nach 19 km auf schmaler, aber asphaltierter Straße sehen Sie erneut ein Schild „Sånfjäll". Dort biegen Sie links auf den Kiesweg ab. Nach 1 km erreichen Sie den Wanderparkplatz vor Nysätern.
- Für den Rückweg gibt es eine Alternative über Nysätern.

Die Wanderung beginnt an dem Wanderparkplatz vor Nysätern. Folgen Sie dem Wegweiser „Sododalen 5 km". Durch Mischwald wandern Sie auf einem breit ausgetretenen Weg, der durch rote Farbtupfer an Bäumen und Steinen gut markiert ist. Da er gleichzeitig als Winterweg genutzt wird, finden sich auch die roten Kreuze der Wintermarkierung.

Bald wird der Wald lichter, Heidelbeeren wachsen unter den Bäumen und man kann weit in den Wald hineinschauen. Die Steigung nimmt zu, der Wanderpfad wird sehr steinig und ist beschwerlich zu laufen. Sie gewinnen immer mehr an Höhe und gelangen schließlich an eine Wegkreuzung ❶ (km 1). Rechts ist ein Weg nach Nysätern mit 0,8 km beschildert. Hier zweigt die unten beschriebene Variante für den Rückweg ab.

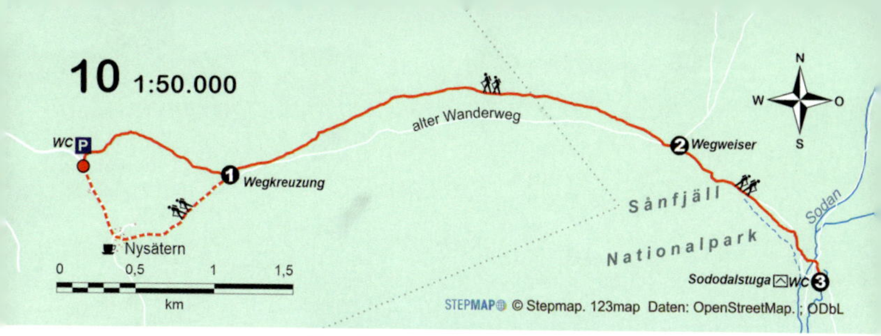

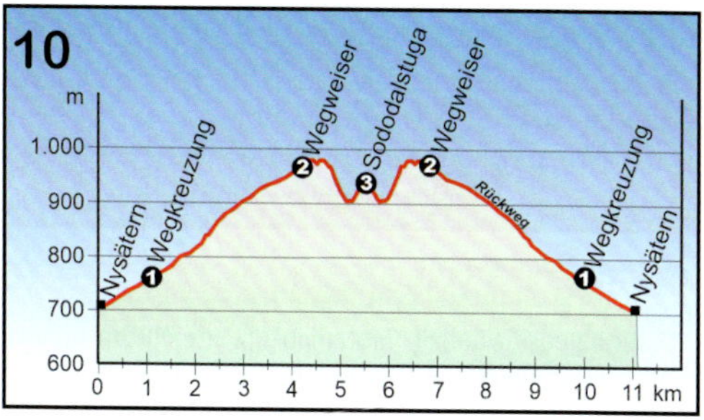

Zunächst biegen Sie aber nach links in Richtung „Sånfjälls Nationalpark 3,5 km" ab. Die Wegbeschaffenheit wird besser, es finden sich Holzstege, die aber oft aus alten Bohlen bestehen, die bei Nässe leicht rutschig werden. Bald erreichen Sie zwei Holzhütten im Wald auf der rechten Seite. Hier beginnt das Naturreservat Sånfjäll. Ein Schild weist darauf hin, dass Schneescooter ab hier nicht mehr erlaubt sind.

Sododalen ist mit 4 km ausgeschildert. Achten Sie darauf, dem neu angelegten Wanderweg zu folgen. Ein niedriges kleines Schild mit dem Wanderwegsymbol weist die Richtung. Wie bei Tour 9 hat der alte Weg zu einer zu starken Abnutzung des Geländes geführt. Die neue Wegführung verläuft in einiger Entfernung parallel zur alten.

Der neue Wanderpfad lässt sich gut gehen, es gibt wenig Steine. Sie laufen nun ohne nennenswerte Steigung am Hang des Gråsidan entlang. Der Baumbewuchs wird spärlicher. Birken, Wacholderbüsche, Heidekraut und viele Heidelbeeren säumen den Weg. Immer weiter geht der Blick über die waldreiche Landschaft.

Eine Sitzbank lädt zu einer kurzen Pause ein. Von hier aus schaut man über eine Moorfläche, die sich bis zum tiefer liegenden Waldrand erstreckt. Dahinter breiten sich schier endlose Wälder aus, die bis zu den fernen Fjälls reichen, auf deren Gipfeln Schneefelder in der Sonne leuchten.

Beim Weitergehen überschreiten Sie auf ca. 900 m Höhe die Baumgrenze und wandern jetzt im aussichtsreichen Kalfjäll. Nun befinden Sie sich im

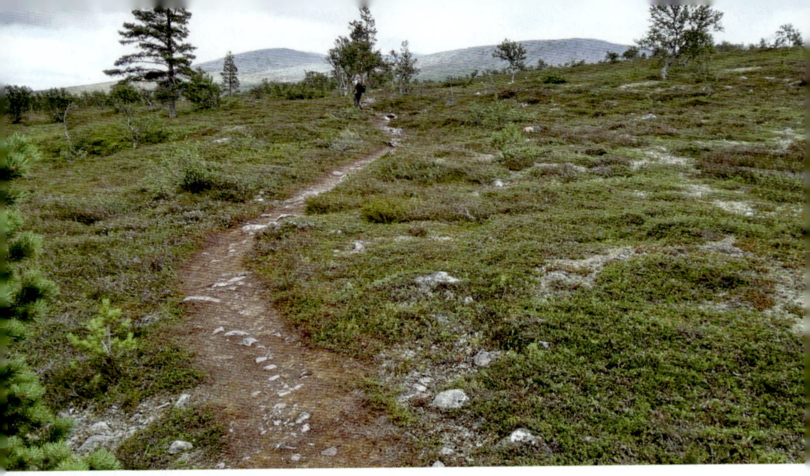

An der Baumgrenze

Nationalpark Sånfjäll. Holzplanken erleichtern an manchen Stellen das Laufen über Geröllfelder, die immer mehr zunehmen. Bald stoßen Sie wieder auf den alten Weg.

Dahinter steht ein Wegweiser ❷ (km 4,4). Sododalen ist zweifach ausgeschildert. Der Winterweg hat eine Länge von 3,5 km, Sie folgen aber dem geradeaus verlaufenden Sommerweg, der bereits nach 1 km an der Rasthütte ankommt.

Auf nun wieder sehr steinigem Pfad steigen Sie auf den Sattel zwischen Gråsidan und Valmfjället. Die umliegenden Höhen erscheinen grau – Geröll, wohin man auch sieht, dazwischen niedrige Fjällheide. Nur rechts etwas unterhalb des Pfades sucht sich in einer kleinen Schlucht ein Rinnsal seinen Weg zwischen Zwergweidengestrüpp.

Wenn Sie den Sattel überquert haben, öffnet sich der Blick hinunter ins Sododalen. Der Sodan sorgt mit seinem Wasser dafür, dass hier wieder Bäume wachsen. Birken und kleine Weiden säumen seinen Lauf, der in heißen Sommern auch mal trockenfallen kann.

Für Hunde findet man aber auch dann Wasser. Das Rinnsal, das den Pfad begleitet, wächst zu einem kleinen Bach heran, der in einem Einschnitt über steile Felsen ins Tal hinunterplätschert.

Nach einem steilen Abstieg durchqueren Sie die Talsohle und gelangen zur Sododalstugan ❸ (km 5,5) auf der anderen Seite.

⛺ Eine geräumige Rasthütte mit Feuerstelle und Trockentoilette wartet auf Sie.

Sododalstuga

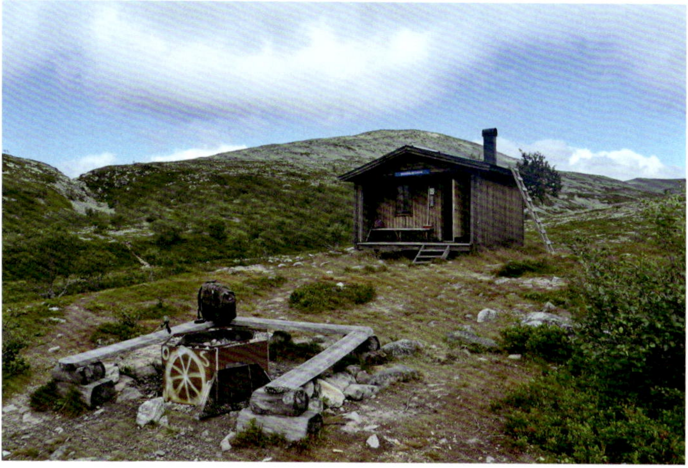

Das Tal des Sodan verengt sich talaufwärts zwischen dem Valmfjället und dem Högfjället, an dessen Flanke der Sodan entspringt. Talabwärts weitet es sich, wird bewaldeter und eröffnet einen Ausblick auf ferne Fjälls.

An der Rasthütte treffen sich Wanderwege, die von Nysätern, Nyvallen oder Dalsvallen kommen. Trotzdem werden Sie nicht auf viele Wanderer treffen. Wenn Sie im Gras vor der Hütte liegen, hören Sie nur natürliche Geräusche: das leise Säuseln des Windes, vereinzelte Vogelrufe und das leise Rauschen des Wassers, das der Wind ab und zu herantreibt. Hier im Herzen des Gebirgszugs erleben Sie eine Ruhe, die wohltuend ist.

Der Rückweg verläuft auf derselben Route wie der Hinweg. Achten Sie am Wegweiser ❷ darauf, die neue Wegführung zu benutzen.

➪ Bei der oben erwähnten Kreuzung ❶ können Sie als Alternative den Weg nach Nysätern nehmen. Nach einem knappen Kilometer gelangen Sie ans Ziel und können dort in dem kleinen Café Ihre Tour mit Kaffee und Waffeln beschließen. Danach folgen Sie dem Fahrweg abwärts, bis Sie den Wanderparkplatz erreichen.

11 Vom Anderssjöåfallet über die Blumenwiesen des Hamrafjälls

WC

Aussichtsreiche Tour für Naturliebhaber und botanisch interessierte Wanderer

Die Tour verläuft zunächst auf Holztreppen entlang des malerischen Wasserfalls Anderssjöåfallet. Danach wandern Sie hoch auf die blumenreichen Fjällwiesen des Hamrafjälls, von dessen Höhen Sie eine weite Aussicht über die Fjällwelt haben.

Start/Ziel: Naturrastplatz am Wasserfall Anderssjöfallet, GPS N 62°34.930´ E 012°12.444´

10 km

3 Std. 20 Min.

409 m/409 m

804-1.131 m

Guldturmarkierung, rote Farbmarkierungen

viele Treppenstufen zu Beginn, dann mehr oder weniger steiniger Fjällpfad

Raststelle mit Windschutz, WC, Sitzgarnituren und Feuerstellen am Parkplatz (Start/Ziel)

WC Toilette am Parkplatz (Start/Ziel)

Die Wasserfälle werden auch Kinder begeistern. Auf den Höhen können sie frei laufen und eigene Wege suchen.

Nur zu Beginn gibt es am Anderssjöån Wasser. Die vielen Treppenstufen am Wasserfall können beschwerlich sein.

P Parkplatz am Naturrastplatz am Wasserfall Anderssjöfallet. Die Anfahrt erfolgt von Funäsdalen aus auf dem Riksväg 84 in Richtung Norwegen. Hinter Hamra biegen Sie am westlichen Ortsrand rechts zum Naturrastplatz Anderssjöåfallet ab.
Der kleine Parkplatz kann in der Hauptsaison schnell voll belegt sein.

Rückweg über den Sydbrantstigen

Das Hamrafjäll hat wegen seines Artenreichtums den Beinamen „Blumenfjäll" (*Blomsterfjället*). Mehr als 400 verschiedene Gewächse sind hier zu finden, unter anderem *fjällnycklar, grönkulla, gullspira, purpurbräcka, tibast, fjällviol* und *fjällgentiana*, der blaue Fjällenzian. Halten Sie Ausschau nach Orchideen. Der kalkreiche Boden des Fjälls schafft günstige Voraussetzungen für diese Pflanzenart.

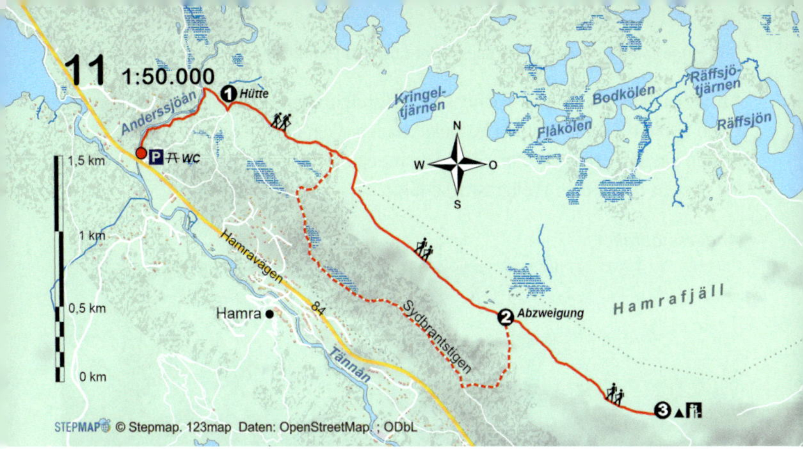

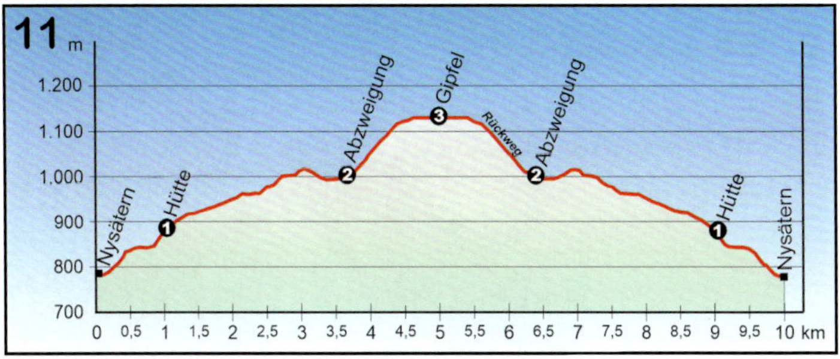

Die Wanderung beginnt direkt am Wasser des Anderssjöån. Hier wurde ein Picknickgelände angelegt, wo man direkt am Bach lagern und grillen kann. Informationstafeln berichten auf Schwedisch, Englisch und Deutsch über Grenzposten, die während des Zweiten Weltkriegs hier eingerichtet wurden.

Der Weg führt mit schönem Blick auf die unterste Fallstufe des Wasserfalls durch dieses Gelände hindurch und ist als „Guldtur 14 – Anderssjöfallet und Hamra" beschildert.

Dann beginnt ein langer Aufstieg über 303 Stufen verschiedener Holztreppen, die am Anderssjöåfallet in die Höhe führen und immer wieder Ausblicke auf die Kaskaden des Falls gewähren. Am Ende der letzten Treppe gibt es eine Sitzgelegenheit zum Ausruhen.

Nun wird der Weg zu einem schmalen Pfad, der sich zwischen Birken und Felsen hindurch weiter in die Höhe windet. Linnea wächst hier oft auf felsigen

Absätzen. Der Bach wird flacher, die Fallstufen kleiner. Bei niedrigem Wasserstand können Sie hier natürliche kleine Badebecken finden, in denen man sich an heißen Tagen erfrischen kann. Bald kommt eine Brücke in Sicht, vor der der Weg auf Stegen durch eine Wollgraswiese führt.

Anderssjöåfallet

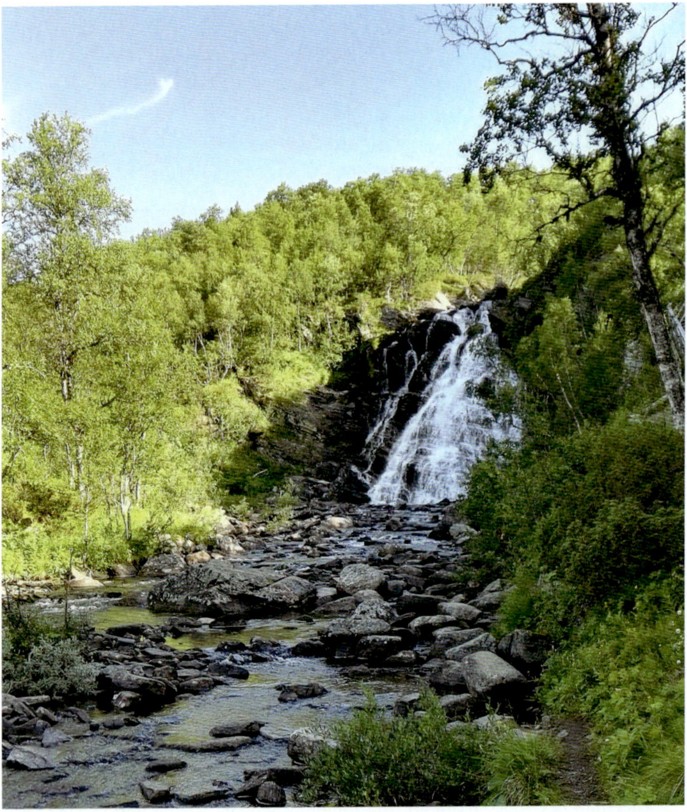

Auf der linken Seite führt eine breite Brücke, die Anderssjöåbron, die im Winter als Skibrücke dient, über den Bergbach. Sie wenden sich aber nach rechts und folgen der Beschilderung „Anderssjöåfallsturen“. Ein zunächst breiter Weg wird schnell schmaler und sumpfiger, ist jedoch mit Stegen versehen. Bei einer kleinen Hütte erreichen Sie einen gekiesten Fahrweg ❶ (km 1). Hier biegen Sie nach links in Richtung Hamrafjäll ab. Die Beschilderung der Guldtur ist hier irreführend, denn sie weist nach rechts. Wenn Sie ihr folgen, gelangen Sie auf anderem Weg zurück zum Ausgangspunkt.

Lichter Birkenwald nimmt Sie auf. Eisenhut und Wacholderbüsche bilden die Untervegetation. Bald gelangen Sie in freieres Gelände. Ein Wegweiser „Sydbrantstigen" zeigt nach rechts, Sie gehen geradeaus weiter. An der nächsten Weggabelung folgen Sie der Beschilderung „Hamrafjällsleden" nach rechts.

Bald lassen Sie die Baumgrenze hinter sich und laufen im Kalfjäll. Ein Pfad kreuzt Ihren Weg, Sie laufen weiter geradeaus. Auf der linken Seite tauchen kleinere Seen auf. Dahinter kann man Fjälls in der Ferne sehen. Folgen Sie weiter dem Wegweiser in Richtung Hamrafjällsleden. Der Weg steigt nun auf den Kamm des Höhenzugs an, wo Sie an die Bergstation eines kleinen Liftes kommen.

Jetzt stehen Sie hoch über dem Tal des Tännån und haben eine weite Aussicht. Der Blick auf die andere Talseite zeigt Ihnen die Skigebiete des Tals mit ihren Liftanlagen und Pisten. In Richtung Norwegen erstreckt sich der See Malmagen im Talgrund.

Nach links ist der Hamrafjällsleden beschildert. Der Wanderpfad verläuft nun auf den Höhen des Hamrafjälls. Eine Tafel informiert über das Naturreservat, in dem Sie nun wandern. Ab hier haben Sie dabei eine herrliche Fernsicht.

Kinder werden ihre Freude daran haben, hier im Gelände umherstreifen und eigene Wege suchen zu können.

Der Pfad führt auf eine kleine Höhe. Dahinter steigen Sie in eine kleine Senke ab, wo Sie auf die Abzweigung zum Sydbrantstigen stoßen ❷ (km 4). Geradeaus zieht sich der Weg weiter auf die Höhe des Hamrafjälls.

Blumenwiesen säumen den Wanderpfad. An die 400 verschiedene Fjällblumenarten wachsen hier auf dem kalkreichen Untergrund der Südseite des Berges. Wärme und Feuchtigkeit begünstigen diese Blumenpracht, die je nach Jahreszeit variieren kann. Suchen Sie nach den gelben Fjällveilchen oder dem winzigen Fjällenzian, dessen tiefblaue Farbe aus dem Grün des Untergrunds ins Auge sticht. Mit einem Bestimmungsbuch werden Sie sicher noch viele andere Arten entdecken.

Kinder können dabei ihre Entdeckerfreude ausleben.

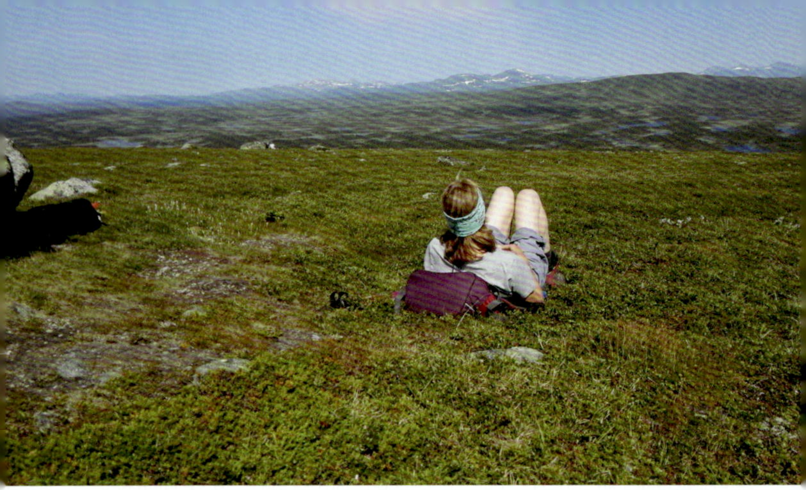

Gipfelrast

Der Weg steigt kräftig an, bis Sie das Ziel Ihrer Wanderung, den Gipfel des Fjälls ❸ (km 5), erreicht haben. Eine Runde aus aufeinandergelegten Steinen bietet Windschutz an windigen Tagen, ansonsten lässt es sich angenehm auf der weichen Fjällheide lagern.

Der Panoramablick hier oben ist fantastisch. Sie schauen weit über die Fjällwelt Härjedalens. Direkt unter Ihnen liegt Funäsdalen an dem lang gezogenen Tänndalsjö. Im Westen sind die Hänge des Tännåntals durch die vielen Wintersportanlagen zerfurcht. Nach Norden haben Sie weite Ausblicke über das Gebirge. Suchen Sie sich einen gemütlichen Platz und genießen Sie das Panorama.

Auf dem Rückweg gehen Sie denselben Weg, auf dem Sie gekommen sind.

Wenn Sie vom Gipfel in die Senke vor der nächsten kleinen Höhe abgestiegen sind, stoßen Sie wieder auf die Abzweigung zum Sydbrantstigen ❷. Die Abzweigung hat keinen Wegweiser. Nur eine Reihe von Holzpfählen markiert den nach links abbiegenden Pfad, der nach unten führt.

Sie können den Markierungen folgen und am Hang bis in den Birkenwald in tieferen Lagen hinuntersteigen. Dort stoßen Sie auf einen Pfad, der nach rechts parallel zum Hang zurückführt. Wenn Sie auf ihm weitergehen, kommen Sie zum Schluss wieder auf den Wanderweg, dem Sie auf dem Hinweg gefolgt sind.

⑫ Was blüht denn da? Auf dem Blumenpfad in Tänndalen

Spaziergang für botanisch interessierte Familien

Sie wandern auf einem markierten Lehrpfad mit Informationstafeln durch die reichhaltige Flora eines Wiesengeländes. Jeder, der im Fjäll unterwegs ist, freut sich über die vielfältigen blühenden Pflanzen auf seinem Weg. Wenn Sie Informationen über diese Gewächse haben und wissen möchten, wie die Pflanzen heißen, dann ist dieser kleine Spaziergang genau das Richtige für Sie. Auch Kinder haben ihre Freude daran, die auf Schautafeln abgebildeten Blumen in der Umgebung zu entdecken. Ein altersgemäßes Bestimmungsbuch kann dabei helfen.

Orchideenwiese

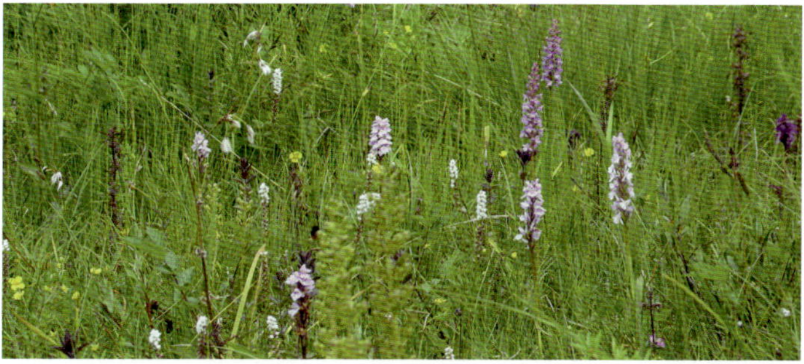

- Start/Ziel: Parkplatz in Tänndalen bei dem Geschäft „Tänndalens Skiduthyrning" am Riksväg 84, GPS N 62°32.973´ E 012°18.572´
- 2,2 km
- 1 Std.
- 58 m/58 m
- 762-810 m
- Guldturmarkierung
- Kiesweg und Stege
- Rastplatz mit Sitzgelegenheiten (km 0,7)
- Das Suchen und Finden der Pflanzen auf den Infotafeln in der Natur ist für Kinder reizvoll.
- Hunde müssen fast ständig auf Holzplanken oder daneben auf moorigem Boden laufen.

P Gebührenfreie Parkmöglichkeit bei dem Geschäft „Tänndalens Skiduthyrning". Die Anfahrt erfolgt über den Riksväg 84 (innerorts auch Rörösvägen). In Tänndalen ist der Weg bei „Tänndalens Skiduthyrning" als „Tänndalens Natur & Blomsterstig" ausgeschildert.

☝ Der Parkplatz bietet nur wenige Plätze und ist schnell voll belegt.

Die Wanderung beginnt am Parkplatz, der auch als „Parkering Guldtur 26" beschildert ist. Folgen Sie dem gekiesten Fahrweg und gehen Sie an der nächsten Kreuzung geradeaus. Kurz darauf stoßen Sie auf der linken Seite auf die erste Informationstafel, die Sie auf Schwedisch, Englisch und Deutsch willkommen heißt. Alle weiteren Schautafeln sind ebenfalls dreisprachig, sodass auch Kinder in lesefähigem Alter mitlesen können.

Sie erfahren auf Ihrem Weg allerlei Wissenswertes über *fjälltolta*, den gelben Eisenhut, *nordisk stormhatt* und *mjölkört*. Durch die dreisprachige Information lernen Sie auch die schwedischen Bezeichnungen der Pflanzen. Manche Schautafeln sind auf Tiere bezogen.

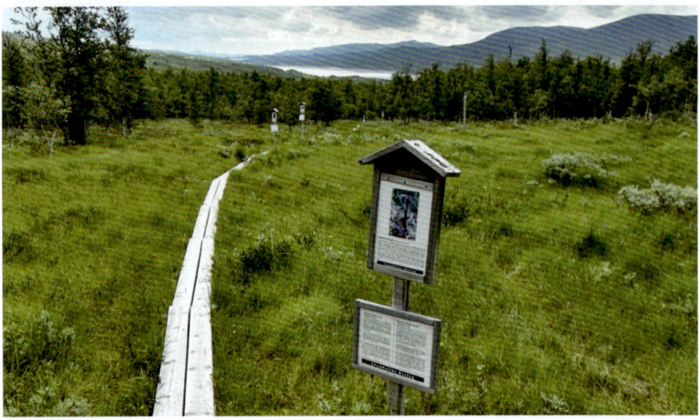

Lehrpfad

Nach knapp 400 m beginnt der eigentliche Lehrpfad ❶, der nach links abzweigt und in einer großen Runde wieder hierher zurückführt. Der sogenannte **Blomsterstig** (Blumenpfad) ist schmal und im weiteren Verlauf fast völlig mit Stegen versehen, denn er führt durch ein weites Moorgelände. Wegen des Arten-

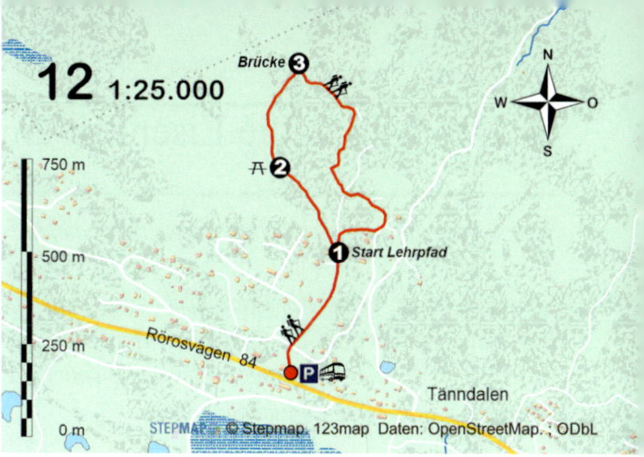

reichtums dieses Gebiets wurde der Weg extra an diesem Ort angelegt.

Sie laufen nun über feuchte Blumenwiesen, in denen immer wieder bebilderte Infotafeln auf die Gewächse hinweisen, die hier zu finden sind. Der Lehrpfad ist so angelegt, dass die entsprechenden Pflanzen in der Nähe der Tafel, die sie beschreibt, zu finden sein sollen. Abhängig von der Blütezeit werden Sie damit auch Erfolg haben.

Ħ Nach insgesamt knapp 700 m finden Sie Sitzgelegenheiten, die zu einer Pause einladen ❷. Acht Infotafeln lassen sich so in Ruhe betrachten.

Weiter führt der Weg durch eine Wiese, in der verschiedene Vertreter von Orchideen zu finden sind. Auch hier gibt es eine Sitzgelegenheit. Der Fjällämmel, der Berglemming, ist Thema einer Tafel, bevor es in ein kleines Birkenwäldchen geht. Dort bekommen Sie Infos über Waldblumen.

Der Pfad senkt sich und quert über eine Holzbrücke einen kleinen Bach ❸ (km 1). Auch an dieser Stelle hat man einfache Sitzgelegenheiten, geschaffen neben denen Schautafeln über Gebirgsbäche berichten. Ein Stück weiter lesen Sie Interessantes über *kantareller* (Pfifferlinge), die in Schweden häufig in den Wäldern zu finden sind. Bald lichtet sich der Wald und der Pfad beginnt zurückzuführen. Neben einem großen Stein werden Sie über die Flechten auf diesem Findling informiert.

Danach kreuzt der Pfad einen gekiesten Weg. Dahinter sehen Sie ölig aussehende Wasserlachen. Wenn Sie bisher geglaubt haben, dies sei auf Ölverluste irgendwelcher Fahrzeuge zurückzuführen, werden Sie nun eines Besseren belehrt, denn was Sie sehen, ist lediglich die Wirkung von Eisenbakterien.

Der Lehrpfad führt nun parallel zu einem breiten Kiesweg an der Bebauungsgrenze entlang weiter. Erneut wird ein Bach gekreuzt, dann erreichen Sie den gekiesten Fahrweg, auf dem Sie vom Parkplatz gekommen sind. Biegen Sie links ab, dann erreichen Sie schnell die Stelle, an der die Runde begonnen hatte. Folgen Sie nun dem Fahrweg wieder zurück zum Parkplatz.

⑬ Der Weg in die Eisenzeit am Hamrafjäll

WC ⌘

Spaziergang für geschichtlich interessierte Familien

Sie wandern am Hang des Hamrafjälls auf einem markierten Lehrpfad mit vielen Informationstafeln über die Kultur der Menschen, die in der Eisenzeit hier gelebt haben. Sieben Grabhügel sowie eine Reihe von Fanggruben aus einer Zeit von vor über 1.000 Jahren finden sich hier.

Start/Ziel: Parkplatz Hamrafjällets Naturreservat am Riksväg 84, GPS N 62°33.248´ E 012°16.986´

2,6 km

1 Std.

140 m/140 m

752-881 m

Guldturmarkierung, oft taucht auch der rote Elch aus den Felsmalereien bei Messlingen als Zeichen auf.

teils steiler Fjällpfad, teils Stege

Sitzgelegenheiten am Parkplatz (Start/Ziel)

WC Trockentoilette am Parkplatz (Start/Ziel)

Für Kinder ist das Auffinden der historischen Relikte in der Nähe der Beschilderungen interessant.

Es gibt kein Wasser auf dem Weg.

P Gebührenfreier Parkplatz Hamrafjällets Naturreservat. Die Anfahrt erfolgt auf der Bundesstraße 84. Circa 2 km westlich von Tänndalen liegt der Parkplatz auf der rechten Seite der Straße.

Am Hamrafjäll haben schon vor der Zeitenwende Menschen gesiedelt. Alte *fångstgropor* (Fanggruben), die zu einem ganzen System von Fallen im Tal gehören, in denen man Wildtiere fing, zeugen ebenso von dieser Zeit wie alte Grabhügel. In späteren Zeiten wurde das Gebiet von Fjällbauern als Weide genutzt.

Die Wanderung beginnt am Parkplatz und führt auf einem Steig steil nach oben in einen Birkenwald. Folgen Sie dem Schild „Järnåldersturen". Unter den Bäumen blühen entlang des Weges viele Fjällblumen. Bald gelangen Sie auf eine Wiese, auf der eine Tafel über *fäbodar*, die Almwirtschaft der Funäsdalbauern, berichtet.

Weiter geht es bergauf über Wiesen und durch kleine Waldstücke, bis Sie an eine Wegkreuzung kommen ❶ (km 0,5).

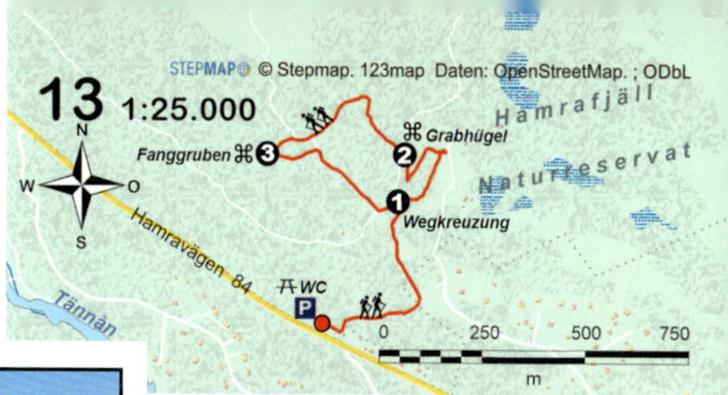

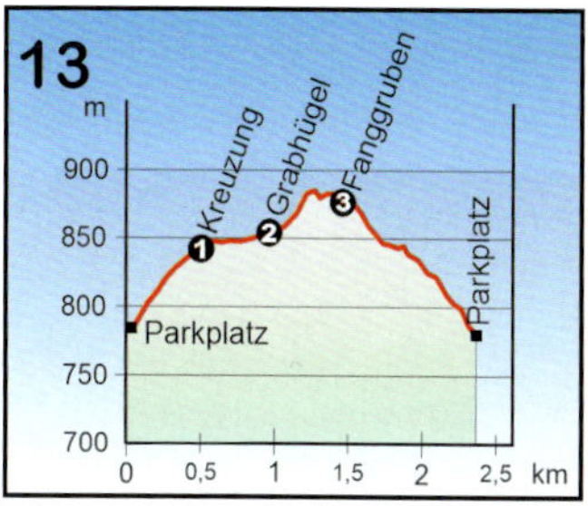

Hier beginnt der Rundweg Järnåldersturen, dem Sie zunächst nach rechts folgen. Auf einer Tafel können Sie eine Kurzinformation über die Zeit von vor 1.000 Jahren finden.

Beim Weitergehen erreichen Sie hinter einem alten Holzzaun eine Weide, über die der Weg führt. Da er in diesem Teil neu angelegt ist, gibt es noch wenig Trittspuren. Achten Sie auf die Markierungen. Auf der Wiese befindet sich ein alter Grabhügel, der jedoch kaum zu erkennen ist. In der Nähe steht eine Informationstafel dazu.

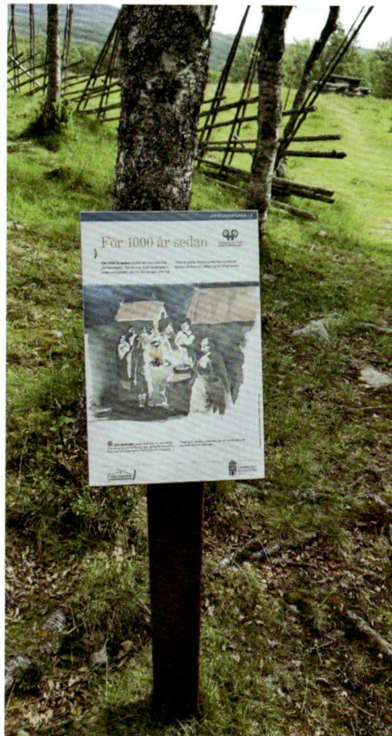

Informationstafel

Erneut geht es danach in den Wald. Sie passieren den Holzzaun und folgen dem Lehrpfad weiter bis zu einer Gruppe von Grabhügeln ❷ (km 1).

⌘ Diese Grabstätten sind wesentlich besser zu erkennen, da sie sich deutlich aus dem Boden erheben. Eine Schautafel geht der Frage nach, wer hier früher bestattet wurde.

Der Wegweiser „Järnåldersturen" weist Sie auf einen mit Stegen versehenen Weg, der geradeaus steil bergauf in den Birkenwald führt. An manchen Bäumen hängen schwarze Flechten herab, die den Wald gespenstisch aussehen lassen. Sie gewinnen immer mehr an Höhe, bis der Pfad nach links schwenkt und an einem Steinblock vorbei dann parallel zum Hang verläuft. Nach einiger Zeit treffen Sie auf eine Wegkreuzung. Rechts steigt ein Pfad hoch auf das Hamrafjäll, Sie gehen jedoch geradeaus weiter und erreichen Fanggruben aus der Eisenzeit ❸ (km 1,4).

Fanggrube

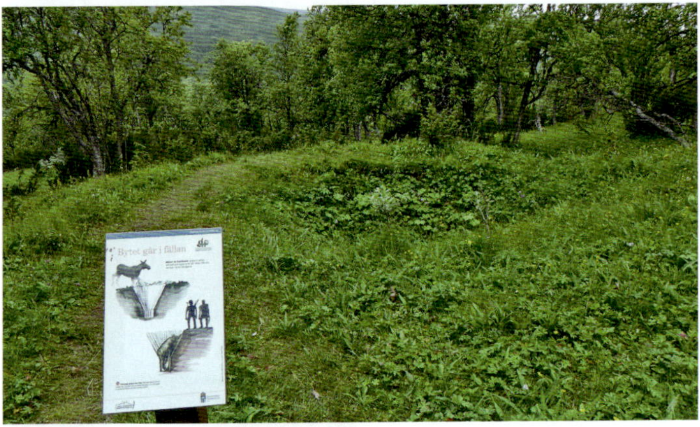

⌘ Diese *fångstgropor*, die mehr oder weniger deutlich noch heute im Boden zu sehen sind, waren Teil eines Systems von Gruben, die quer über das Tal angelegt waren, um Wildtiere auf ihren Wanderzügen zu erbeuten. Infotafeln berichten über diese Jagdmethode.

Nun senkt sich der Weg wieder und führt teilweise über hölzerne Treppenstufen nach unten. Auf einer Wiese werden Sie noch einmal über Siedlungsreste aus jüngerer Zeit informiert. In der Nähe kann man eine *odlingsröse* sehen. Dabei handelt es sich um Anhäufungen aus Steinen, die im Rahmen der Urbarmachung von Wiesen oder Äckern zusammengetragen wurden. Noch einmal folgen Sie dem Wegweiser „Järnåldersturen" nach links, dann haben Sie die Stelle wieder erreicht, wo der Rundweg begonnen hat. Folgen Sie nun der Beschilderung „Naturreservatsparkering" zurück zum Parkplatz.

14 Höhenwanderung auf Flatruet

Aussichtsreiche Tour für Familien

Bei dieser Tour wandern Sie in erster Linie nicht in die Höhe, sondern auf der Höhe. Von Schwedens höchster Landstraße aus laufen Sie auf einem unmarkierten, aber leicht zu findenden Weg über aussichtsreiches Kalfjäll, in dem man in Lemmingjahren unzählige dieser kleinen Nager beobachten kann, ebenso die großen Raubmöwen (fjällabb) *auf der Jagd nach ihnen. Am Zielpunkt erwartet Sie zur Belohnung ein grandioser Blick über schwedische Fjälls wie Mittåkläppen oder Helags. Die Wanderung ist als Einstiegstour für Fjällwanderungen geeignet.*

Start/Ziel: Parkplatz Falkvålen auf Flatruet, GPS N 62°44.400´ E 012°44.416´
7 km
2 Std.
109 m/109 m
960-1.058 m
keine Wegmarkierungen
Pfad mit kiesigem Untergrund, stellenweise sumpfig ohne Stege
Kinder können es genießen, sich eigene Wege zu suchen.
Es gibt kaum Wasser auf der Tour.
P Gebührenfreier Parkplatz Falkvålen auf dem höchsten Punkt der Landstraße über das Hochfjällplateau Flatruet zwischen Mittådalen und Ljungdalen. Die Anfahrt erfolgt über die Straße 531 von Funäsdalen oder Ljungdalen aus.
Der Parkplatz Falkvålen ist als Übernachtungsplatz bei Wohnmobilfahrern beliebt.
Aufgrund des Ölkiesbelags der Straße wird Ihr Fahrzeug bei trockenem Wetter mit einer Staubschicht und bei nassen Witterungsverhältnissen mit einer dünnen Schlammschicht überzogen werden. Speziell für hohe Wohnmobile gibt es kaum Waschmöglichkeiten.
Oft werden Sie bei der Anfahrt Rentieren auf der Straße begegnen.

Die Straße 531 führt über die Hochebene Flatruet. 1938 gebaut, stellt sie die Verbindung zwischen Funäsdalen und Ljungdalen dar, das bis dahin nur einen Straßenanschluss nach Åsarna hatte. Die Straße ist über weite Strecken nicht asphaltiert, sondern mit einem Kiesbelag versehen. Bei schlechtem Wetter und speziell im Winter kann die Straße gesperrt sein. Elektronische Hinweistafel hinter Funäsdalen und hinter Ljungdalen weisen dann darauf hin. Der Flatruetvägen gilt als höchste Landstraße Schwedens, der Scheitelpunkt liegt bei 975 m Höhe. Dort befindet sich auch der Parkplatz, an dem die beschriebene Wanderung beginnt. Der Flatruetvägen bietet die Möglichkeit, mit dem Auto bis ins Kalfjäll zu fahren.

Parkplatz auf Flatruet

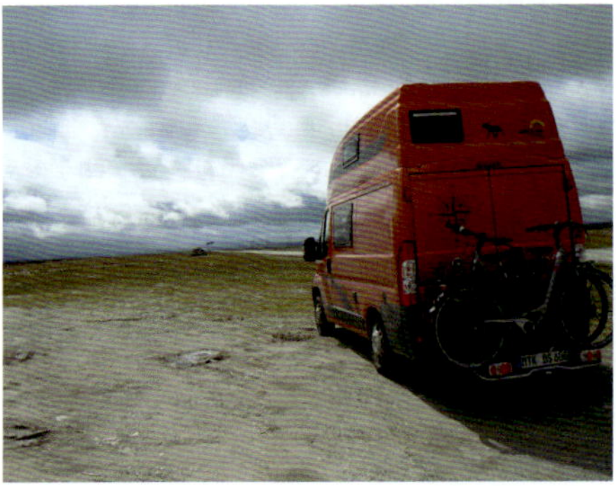

Der Weg beginnt am Parkplatz Falkvålen auf der nordwestlichen Seite bei den Infotafeln. Von hier aus können Sie den Wegverlauf erkennen. Er führt unmarkiert auf die mittlere der drei Erhebungen im Nordwesten, den Gaske Miesjehkentjahke, von dem aus man einen ungehinderten weiten Rundblick hat.

Sie folgen zunächst einem der breit ausgetretenen Pfade, die in Richtung der Höhenzüge führen. Ein schmaler Steig verläuft mehr in höherem Terrain, ein breiterer umrundet die Erhebung, aber alle führen in die richtige Richtung. Das Kalfjäll, in dem Sie laufen, ermöglicht Ihnen weite Ausblicke über die Hochebene bis zu den fernen Fjälls. Das Gelände senkt sich danach leicht und wird mit der Zeit feuchter und sumpfiger. Kleine Permafrosthügel säumen die Pfade. Diese werden dabei immer undeutlicher und verschwinden langsam im morastigen Untergrund.

Nach 1,5 km ❶ werden Ihre pfadfinderischen Fähigkeiten gebraucht, denn Sie müssen jetzt selbst gangbare Wege durch die sumpfige Senke und über den moorigen Bach finden. In trockenen Sommern ist dies nicht sehr schwer und Sie können sich an den Fußstapfen Ihrer Vorgänger orientieren. Ist der Sommer jedoch feucht und regnerisch, wird die Wegsuche zu einer echten Herausforderung, die manchmal nicht ganz ohne nasse Füße vonstattengeht. Umgehen Sie notfalls sehr morastige Stellen weiträumig.

Besonders für Kinder ist diese Wegsuche sehr spannend.

Hinter dem Sumpf steigt das Gelände langsam wieder an und wird dabei trockener. Bald laufen Sie erneut auf kiesigem Untergrund. Linker Hand taucht ein kleiner See auf, dahinter sieht man einen Rentierzaun. Er gehört zu dem weitläufigen Gelände einer *renslakteri*, einer Schlachtstelle für Rentiere, die im Herbst hier dafür zusammengetrieben werden.

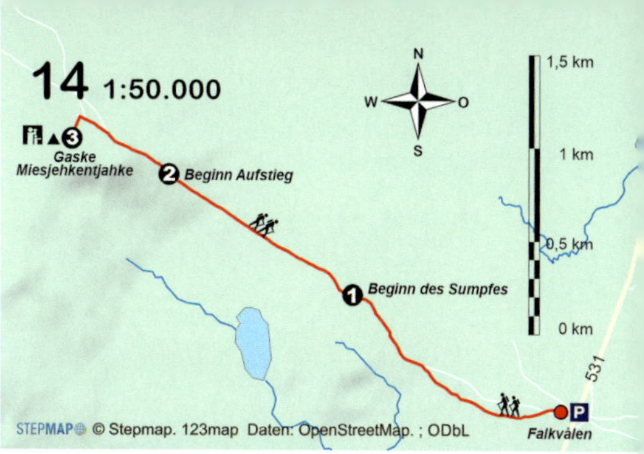

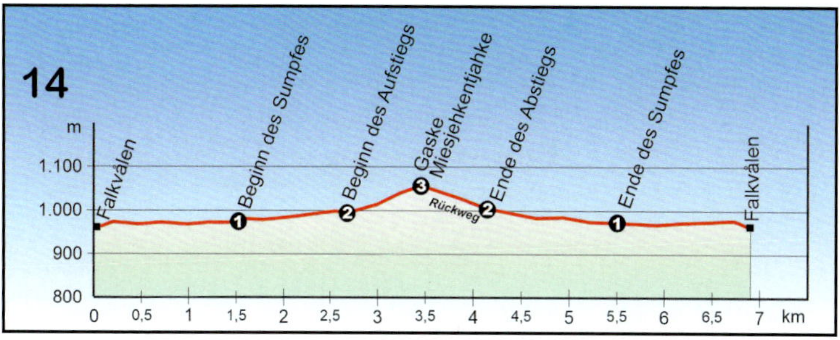

Fjällheide, Lingonbüsche (Preiselbeeren) und Wacholder bedecken den Boden.

Nach insgesamt 2,8 km ❷ beginnt der eigentliche Aufstieg auf die Höhe des Gaske Miesjehkentjahke, die Sie bald erreichen. Gehen Sie oben auf der Kuppe nach links zu der Steinpyramide und dem Windschutz aus aufeinandergelegten Steinen ❸ (km 3,5).

Von dort aus haben Sie einen grandiosen Rundblick über die Fjälls im Norden und Westen. Hinter einem Gewirr von kleinen Seen ragen ihre Gipfel in die Höhe, die auch im Sommer noch von Schneefeldern geschmückt werden. Der Blick reicht vom Gipfel des Mittåkläppen (☞ Tour 17) über das Skarsfjäll bis hin zum Helagsfjäll mit dem südlichsten Gletscher Schwedens (☞ Tour 20).

Nach Osten schauen Sie über die Weite des Hochplateaus. Wenn der Wind leicht über die Ebene streicht und Sie die klagenden Laute der Fjällpiper hören, die hier zu Hause sind, spüren Sie die unendlich scheinende Weite der Fjälllandschaft.

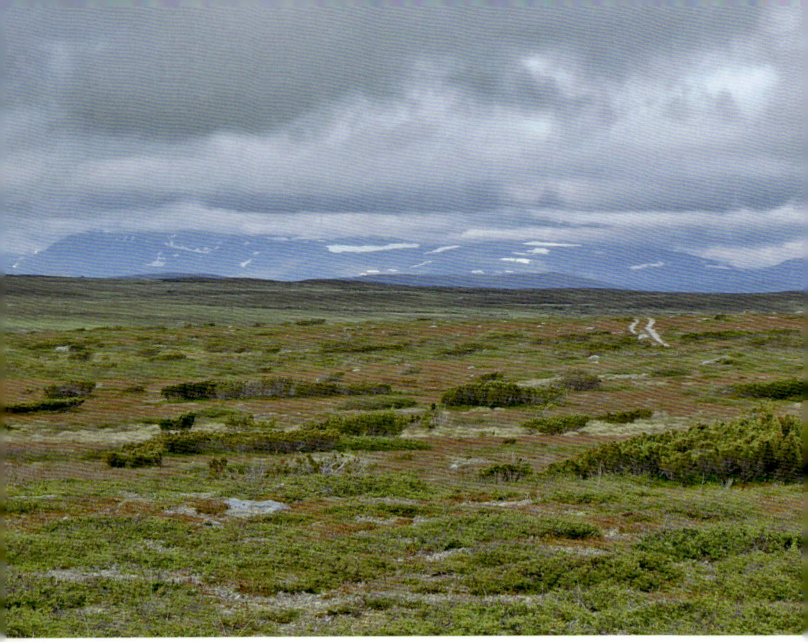

Fjälls in der Ferne

In manchen Jahren, den sogenannten Lemmingjahren, wimmelt es hier nur so von diesen kleinen Nagetieren, deren Population alle drei bis fünf Jahre so stark anwächst, dass die Tiere in Massen zu sehen sind. In diesen Jahren lockt das dann auch ihre Fressfeinde, Raubmöwen und Eulen, ins Fjäll.

Auf dem Weg zurück zum Parkplatz Falkvålen nehmen Sie denselben Weg, auf dem Sie hergekommen sind. Bei gutem Wetter haben Sie hier im Kalfjäll auf dem ganzen Weg freie Sicht auf Ihr Ziel.

☺ In Mittådalen befindet sich ein Café mit angeschlossenem Souvenirladen, in dem man bei der An- oder Abfahrt gut eine Kaffeepause einlegen kann. Es werden dort samische Handwerksprodukte (*hemslöjd*) und regionale Lebensmittelspezialitäten aus Rentierfleisch angeboten.

15 Eine Runde über den Funäsdalsberg

Tour für Familien

Die Gondelbahn Funäsdalgondolen bietet eine bequeme Aufstiegsmöglichkeit zum Startpunkt der Tour. Sie wandern eine lange Strecke mit hervorragender Aussicht auf der Höhe des Bergkamms, bevor der Weg durch dichte Wälder und über kleine Moore zurück nach Funäsdalen führt. In dem auf dem Berg liegenden Park Lopme Laante können Sie samische Kultur und Lebensweise kennenlernen.

→ Start: Bergstation der Funäsgondolen, GPS N 62°33.185´ E 012°32.410´; Ziel: Talstation der Funäsgondolen, GPS N 62°32.745´ E 012°32.746´

7,7 km

2 Std. 15 Min.

↑ ↓ 146 m/462 m

⇧ 613-980 m

Guldturmarkierung

Fjällpfad mit steinigen Streckenabschnitten, sumpfige Stellen teilweise mit Stegen

Toppstugan an der Bergstation der Funäsgondolen (Start), samischer Park Lopme Laante (km 0,5)

Es gibt keine angelegten Rastplätze, aber oben auf der Höhe finden Sie bei gutem Wetter leicht eine schöne Stelle zum Rasten.

Für Kinder ist ein Besuch des samischen Parks mit Rentieren interessant.

Es gibt kaum Wasser auf der Tour.

WC Toilette an der Busstation (Ziel)

P gebührenfreies Parkhaus an der Busstation vor der Gondelbahn, Anfahrt in Funäsdalen zur Talstation der Gondelbahn

Busstation für mehrere Buslinien (u. a. nach Ramundberget, Åsarna, Sveg) vor der Talstation der Gondelbahn, alle Verbindungen aber nur zwei- bis viermal pro Tag. Informationen über Fahrpläne und Ticketpreise erhalten Sie unter ltr.se.

steil abfallende Felswand am Gipfel

Als Alternative bietet sich eine kurze Runde von 3 km über den Lopme Laante an.

Die Tour beginnt mit einer Fahrt mit der Funäsgondolen, die Sie auf den Funäsdalberg bringt.

01.07.-01.09. tägl., 02.09.-22.09. Mi-So, 10:00-15:00, Hin- und Rückfahrt Erwachsene SEK 140, Kinder (8-15 Jahre) SEK 110, einfache Fahrt Erwachsene SEK 100, Kinder SEK 80

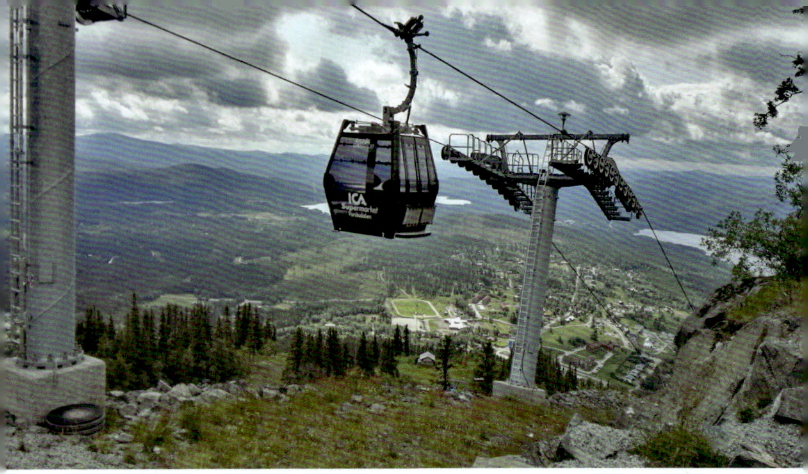

Gondelbahn

Schon bei der Bergstation haben Sie einen herrlichen Rundumblick. In der Tiefe liegt Funäsdalen am gleichnamigen See, dahinter erstrecken sich Fjälls bis zum Horizont. Neben der Bergstation befindet sich die Toppstugan. Für eine Rast ist es noch zu früh, läuft man die Runde allerdings andersherum, hat man hier ein Ziel für eine Kaffeepause zum Schluss.

✕ Die Toppstugan bietet von Donnerstag bis Sonntag zwischen 10:30 und 15:00 Lunch an. (Die Öffnungszeiten sind wetterabhängig. Wenn die Gondelbahn nicht fährt, ist auch das Café geschlossen.) ☏ + 46/(0)7 02 45 50 53

Folgen Sie dem Wegweiser „Vandringsleder“ und gehen Sie an der Bergstation des Sessellifts vorbei. Dann zeigt das Schild „Guldtur“ den weiteren Weg an, der auf die Höhe führt. Auch eine Mountainbikestrecke beginnt hier. Niedrige Birken säumen den Weg hinauf zum Aussichtspunkt auf dem Gipfel ❶ (km 0,5).

Hier oben hat man auf einer Höhe von 980 m ein hölzernes Rondell errichtet, auf dessen Brüstung ein beschriftetes Relief die Fjälls und Berge des fantastischen Panoramablicks benennt.

✋ Auf einer Seite fällt der Berg hier steil ab. Es gibt keinerlei Absperrungen. Wenn Sie sich zu weit vorwagen, besteht Absturzgefahr!

Beim Weitergehen sehen Sie weiter unten die Anlagen des Parks Lopme Laante, die Sie bald erreichen (km 0,5).

⌘ Lopme Laante ist ein Freilichtpark, der 2018 eingeweiht wurde. Er besteht aus mehreren Gebäuden, Kotas und Freigelände. Ziel des Parks ist es, einen Einblick in die Kultur und Lebensweise der Samen nicht nur in vergangenen Tagen, sondern auch in der heutigen Zeit zu geben. In der großen Holzkota werden samische Gerichte serviert, z. B. **Souvas**, ein Gericht aus in feine Scheiben geschnittenem, geräuchertem und gesalzenem Rentierfleisch. Auch samische Handwerksprodukte werden angeboten. Für Kinder gibt es Spielmöglichkeiten.

♦ www.lopmelaante.se, Mo-Sa 10:00-14:00

Lopme Laante

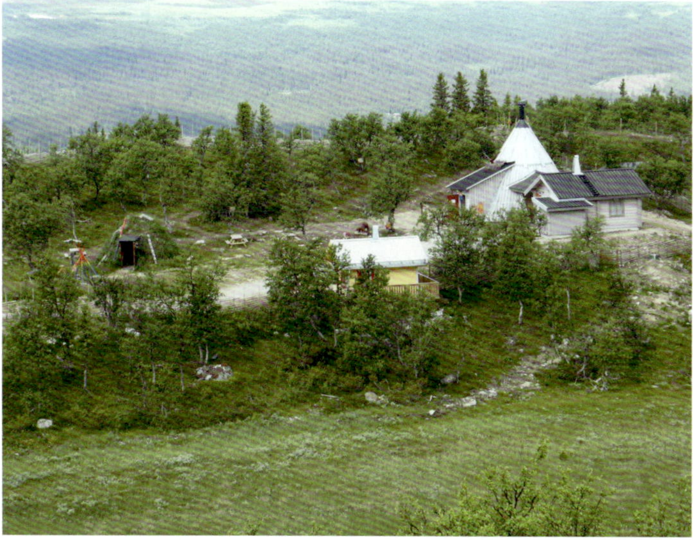

Der Weg führt hinunter in eine kleine, mit Stegen versehene moorige Senke neben einem großen Teich. Ein Eingang zu dem umzäunten Gelände befindet sich dahinter direkt am Wanderweg, sodass Sie hier die Möglichkeit haben, den Freilichtpark zu besuchen.

Danach können Sie über einen anderen Weg zurück zur Bergstation gelangen und so nur eine kleine Runde von ca. 3 km laufen.

Wenn Sie die große Runde wandern wollen, folgen Sie weiter den Guldturmarkierungen. Sie laufen nun auf der Höhe des Bergkamms. Achten Sie auf die Markierungen, da es hier mehrere Trampelpfade gibt. Die Höhenlage gewährt Ihnen freie Sicht, Sie haben beim Laufen stets das Helagsmassiv im Blickfeld.

Weg auf der Höhe

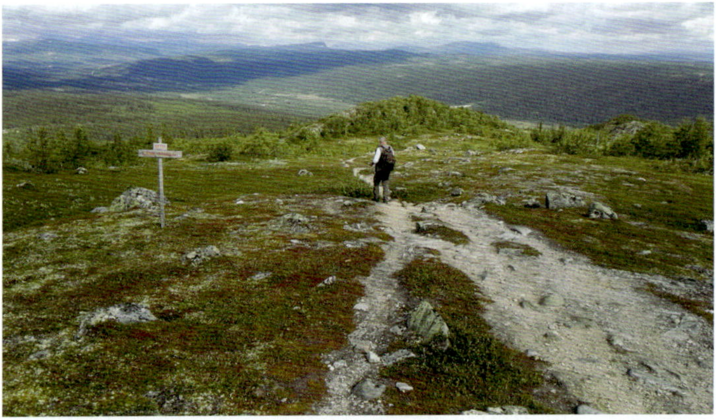

Nach insgesamt 2,1 km stoßen Sie auf die Abzweigung nach links ❷, der Sie folgen müssen. Achten Sie auf die Wegmarkierung, es gibt keinen Wegweiser.

Der Weg senkt sich nun ab und wird steiniger. Dichter Nadelwald umfängt Sie, durch den Sie immer weiter abwärtssteigen. Eine üppige Vegetation wächst hier auf der Südwestseite des Berges. In dem urwaldartigen Wald gedeihen Eisenhut, Storchschnabel und viele Farne. Umgestürzte Baumstämme vermodern unter einer dicken Schicht grüner Moose, hohe Blaubeerbüsche wuchern unter den Bäumen.

Ab und zu überqueren Sie kleinere Lichtungen, auf denen feuchte Wiesen oder Moore zu finden sind. Der Pfad führt zum Teil schnurgerade nach unten. Eine lange Wollgraswiese ist mit Stegen versehen. Von links kreuzt ein Bach den Weg, dann geht es an einem Kahlschlag auf der rechten Seite vorbei. Die ersten Häuser schimmern durch die Bäume. Eine Wiese mit mannshohem Eisenhut muss noch durchquert werden, dann ist die Bebauungsgrenze erreicht ❸ (km 5,6).

Sie folgen der Straße, in die der Wanderpfad mündet. Nun können Sie entweder weiter in den Ort hineinlaufen und über die Hauptdurchgangsstraße zur Tal-

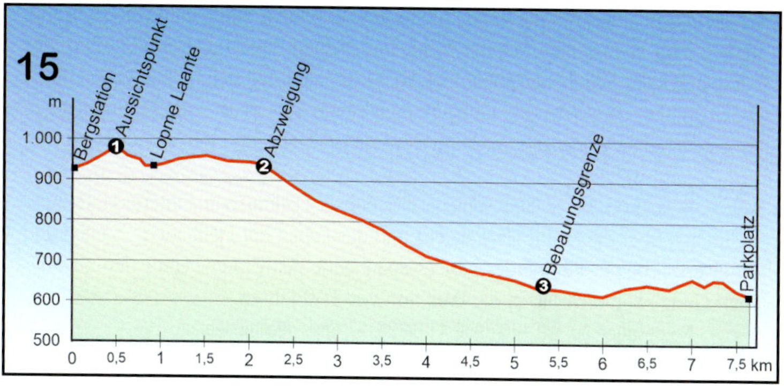

station der Gondel gehen oder dem bald auf der linken Seite auftauchenden Schild „Dalstation 2 km" folgen. (Der zuletzt genannte Weg ist im Folgenden beschrieben.) Sie gelangen dann auf einen Pfad, der oberhalb des Ortes am Hang entlang zurückführt. Leider hat man wegen der dichten Bewaldung keinen Ausblick ins Tal.

Bald stoßen Sie auf Infotafeln am Weg, die dreisprachig über die Nutzung des Funäsbergs 1808 als Signalberg bei Truppenbewegungen von norwegischem und schwedischem Militär berichten. Andere Tafeln erzählen von geheimnisvollen Leuchterscheinungen am Berg rund um das Jahr 1766. Am sogenannten Wallgraven treffen Sie auf den Klettersteig hinauf auf den Funäsberg, angeblich der einzige Klettersteig im schwedischen Fjäll.

Gegen Ende des Pfades laufen Sie unter der Gondelbahn hindurch und stoßen dahinter auf einen asphaltierten Weg. Auf einer Sitzbank können Sie hier noch eine letzte Pause mit Blick auf Funäsdalen einlegen.

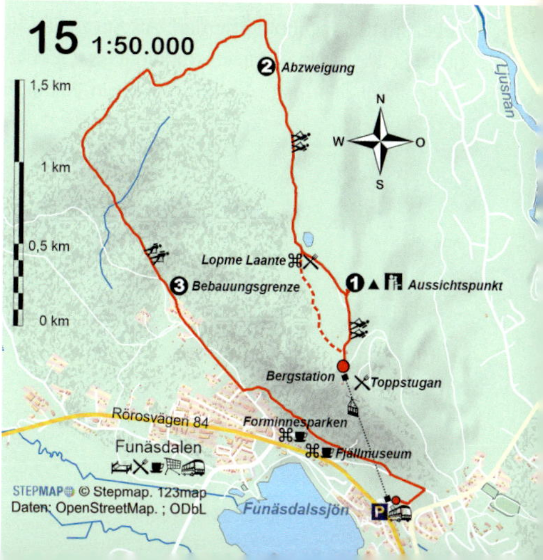

Dem asphaltierten Weg folgen Sie nach links, laufen durch eine Unterführung, über die im Winter eine Skipiste führt, und biegen dann rechts in Richtung des Parkplatzes der Schule und Bibliothek ab. Dort halten Sie sich rechts, gehen durch die Schranken zwischen den Gebäuden an einem Spielplatz vorbei und gelangen so wieder zum Ausgangspunkt Ihrer Tour an der Talstation der Gondelbahn.

☺ Besuchen Sie in Funäsdalen Härjedalens Fjällmuseum, interessante Ausstellungen über die Kultur Härjedalens und das Leben der Fjällbauern, Samen und Bergwerksarbeiter. Für Kinder gibt es spannende Aktivitäten. Über den „heimlichen Gang" kommen Sie in die Welt von vor 100 Jahren.

♦ Rörosvägen 30, ☏ +46/(0)68 41 64 25, 🖳 https://fjallmuseet.se, ✉ info@fjallmuseet.se, 🚪 22.06.-04.10. tägl. 10:00-17:00

Das angeschlossene gemütliche Café Gästis mit einer Einrichtung im Härjedalenstil bietet Kaffee, Kuchen und Waffeln an.

🚪 07.07.-22.09. tägl. 11:00-17:00

Auch der **Forminnesparken**, ein Freilichtmuseum, ist einen Besuch wert.

🚪 Der Park ist das ganze Jahr über geöffnet.

An den Mittwochen in der Hochsaison findet auf der Landzunge Risnäset in Funäsdalen jeweils ein Markt statt, auf dem Handwerksprodukte und regionale Lebensmittel angeboten werden. Als Spezialität werden an einem der Stände **Kolbullar** serviert, ein einfaches traditionelles Gericht für die Grubenarbeiter früherer Zeiten, bei dem eine Art Dörrfleisch in einem Teig aus Wasser, Mehl und Salz gebraten wird.

⑯ Sätertour im Mittådalen

Tour für kulturell Interessierte und Naturliebhaber

Eine Kulturwanderung führt Sie durch ein Gebiet mit vielen gut erhaltenen sätern, *dem Gegenstück zu alpinen Sennereien, die in früheren Zeiten in den Sommermonaten bewirtschaftet wurden. Viele Infotafeln, die auch auf Deutsch beschriftet sind, berichten über das Leben auf diesen Sennereien. Im Mittådalen, einem breiten, ursprünglichen Flusstal, haben Sie Gelegenheit zu Vogelbeobachtungen. Manchmal halten sich dort Kraniche auf.*

Start/Ziel: Parkplatz bei Djupdalsvallens Säter, GPS N 62°42.873´ E 012°27.968´
4,7 km
1 Std. 15 Min.
140 m/140 m
775-878 m
Wegweiser, Guldturmarkierung
teils gekieste Fahrwege, teils leicht zu gehender Wanderpfad
Djupdalsvallens Våffelservering (nahe dem Start/Ziel)
Rastplatz (km 1,7)
WC Trockentoiletten bei Djupdalsvallens Våffelservering
Für Kinder in lesefähigem Alter bieten die Infotafeln am Weg zum Teil interessante Informationen. Die Wege sind für Kinder leicht zu laufen.
Einfache Strecke, mehrfach gibt es Wasser.
P Gebührenfreier Parkplatz bei Djupdalsvallens Säter. Die Anfahrt erfolgt auf einer ca. 9 km langen privaten, einspurigen, mit Ausweichstellen versehenen Mautstraße von Bruksvallarna aus. Die Straße zweigt im Dorf rechts an der Statue des Bergarbeiters ab und ist nach Mittåkläppen beschildert. Bezahlt wird mit Kreditkarte (Visacard/Mastercard) an einer automatischen Mautstation (Gebrauchsanweisung nur auf Schwedisch). Achten Sie beim Bezahlen an der Mautstation auf den Wechsel zwischen den zwei Displays des Automaten. Die Straße hat Ölkiesbelag und ist gut zu befahren.
Die Öffnungszeit des Weges ist von der Schneesituation im Juni abhängig. Informationen darüber gibt das Touristenbüro (☏ +46/(0)68 41 55 80).

Nach der Anfahrt über die aussichtsreiche Zufahrtsstraße beginnt die Tour am Parkplatz bei Djupdalsvallens Säter, einer Almwirtschaft, die zur Einkehr einlädt.

☕ Djupdalsvallens Säter, ☎ +46/(0)1 04 02 93 48, +46/(0)7 03 31 61 36, Mittsommer bis Ende Sep Mo-Fr 11:00-16:00. Informationen über Öffnungszeiten finden Sie auch unter funasfjällen.se.

Djupdalsvallen

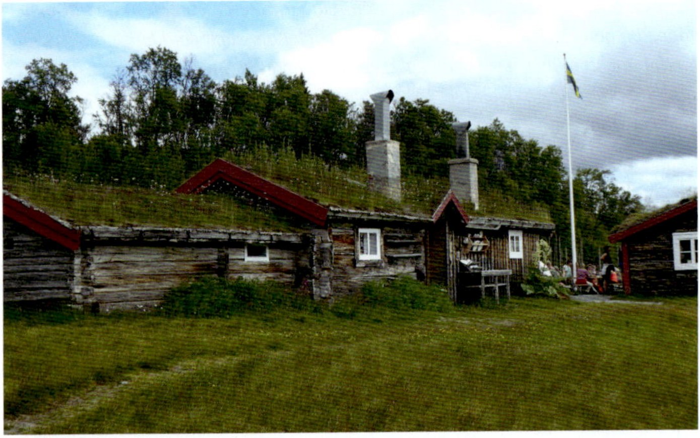

Laufen Sie den Fahrweg, auf dem Sie gekommen sind, ein Stück zurück, dann schickt Sie ein Wegweiser nach links auf einen Wanderpfad, der als „Guldtur 7" ausgeschildert ist. Eine große Tafel informiert über *fäboden*, die sommerlichen Sennereien, die Sie auf dem Weg finden werden.

In Schweden werden diese Sennereien *fäbod* genannt, in Norwegen *seter*. In Grenzgebieten hat sich auch in Schweden das Wort *säter* eingebürgert. Die Sennereien wurden in früheren Zeiten weitab der eigentlichen Bauernhöfe errichtet, um Gebiete im Wald oder Fjäll als Weide nutzen zu können. In den Sommermonaten trieb man das Vieh dorthin. Holzgebäude dienten als Wohnung, Stall oder zur Verarbeitung der Milch des Weideviehs zu Butter und Käse. Diese Arbeiten sowie die Aufsicht über die Tiere wurden von jungen Mägden, manchmal auch von Kindern, übernommen, die hier während des Sommers lebten. Dabei entstand eine spezielle Fäbodkultur mit bestimmten Traditionen, z. B. bei der Essenszubereitung oder Liedern. Heute haben die Sennereien ihre Bedeutung verloren und werden oft als Freizeitwohnung im Sommer genutzt (☞ 📷 S. 102).

Der Pfad führt über Weiden und durch kleine Birkenwäldchen und bald treffen Sie auf die erste Sennerei, die linker Hand sichtbar wird. Eine Ansammlung kleiner Holzhäuschen vermittelt einen Eindruck von der Anlage einer *säter*. Dahinter schweift der Blick über Wald, aus dem der charakteristische Gipfel des Mittåkläppen aufragt.

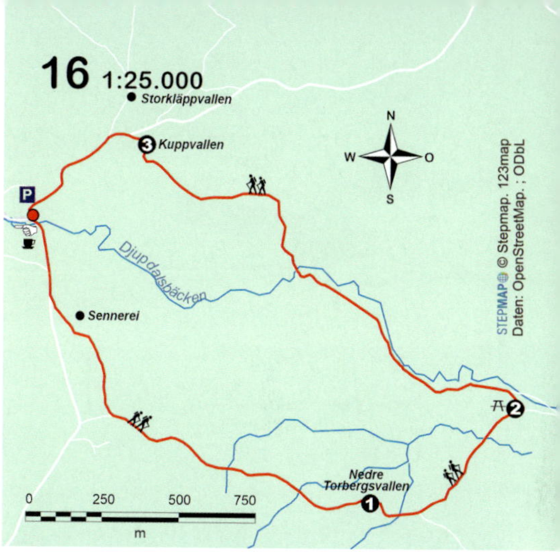

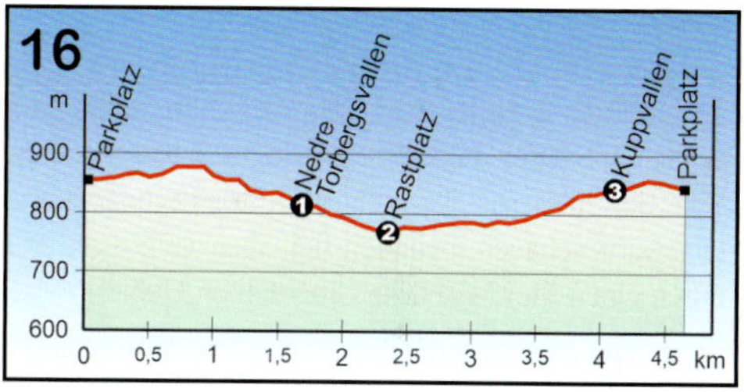

Weiter geht es über Weiden und durch lichten Birkenwald, bis Sie auf einen gekiesten Fahrweg stoßen. Halten Sie sich links, folgen Sie dann aber gleich dem rechten Abzweig einer Weggabelung. Der erste Blick über das Tal des Mittån tut sich auf. Sie stoßen auf die Säter Torrbergsvallen. Bei Övre Torrbergsvallen beschreibt eine Infotafel die anfallenden Arbeiten der Frau informiert, die eine solche Sennerei betrieb, der *säterkullan*.

Mit Blick auf den Mittåkläppen und die umliegenden Fjälls geht es weiter, an Weiden vorbei. Bald erreichen Sie einen kleinen Parkplatz, von hier aus ist der Weg laut Schild nur noch für Fußgänger zugelassen. Der Parkplatz kann von der Zufahrtsstraße nach Djupdalsvallen aus erreicht werden, verfügt jedoch nur über drei Stellplätze.

Langsam senkt sich der Weg ins Mittådalen hinunter. Rechter Hand tauchen die Gebäude von Nedre Torrbergsvallen auf ❶ (km 1,7). Nun wird es etwas gruselig, denn Sie erfahren auf Hinweisschildern Wissenswertes über Geister, die hier ihr Unwesen getrieben haben sollen. In der Einsamkeit und Abgeschiedenheit dieser Sennereien kam es leicht zu solchen abergläubischen Vorstellungen.

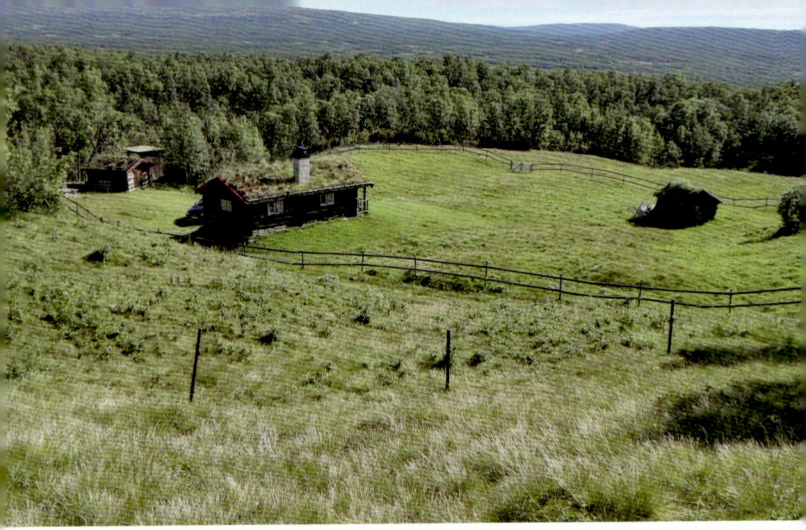

Säter

Ein Bach wird gekreuzt, der Weg führt weiter stetig in das Tal hinunter. Bald erreichen Sie den Talboden. Niedriges Zwergweidengestrüpp (*videsnåre*) bedeckt Teile der Talwiesen. Eisenhut und Storchschnabel wachsen hier. Sie können weit talabwärts schauen, befinden sich aber noch nicht im Haupttal, sondern in einem durch einen Moränenrücken abgeteilten Gebiet.

⩩ Hier finden Sie einen Rastplatz mit einfachen Sitzgelegenheiten, Feuerstelle und einem Wetterschutz ❷ (km 2,4).

An dieser Stelle müssen Sie den breiten Fahrweg verlassen und nach links auf einen schmalen Pfad abbiegen, um hinauf auf den *rullstensås* (einen Kiesrücken) zu gelangen, eine lang gezogene Erhebung, die sich durch das Tal des Mittån schlängelt. (Wenn Sie diese Abzweigung verpassen, was leicht vorkommen kann, da sie schlecht beschildert ist, führt der Fahrweg Sie aber auch auf die Erhebung, auf der Sie dann links abbiegen müssen, um den Rückweg anzutreten.)

Diese Erhebung, die **Viteggen** genannt wird, wurde gegen Ende der letzten Eiszeit durch das Schmelzwasser eines Flusses gebildet, als der Eispanzer des Inlandeises schmolz, der Skandinavien bedeckte. Dabei wurde das mitgeführte Geröll in Form dieser Erhöhung abgelagert. Eine Infotafel informiert darüber.

Der Pfad verläuft nun auf diesem kleinen Höhenzug und bietet weite Ausblicke über das ursprünglich gebliebene Tal. Zur richtigen Zeit haben Sie hier die Möglichkeit, Wasservögel zu beobachten, auch Kraniche halten sich manchmal in den Talwiesen auf. Auf der anderen Talseite befinden sich ebenfalls alte Sennereien.

Weg auf dem Höhenrücken

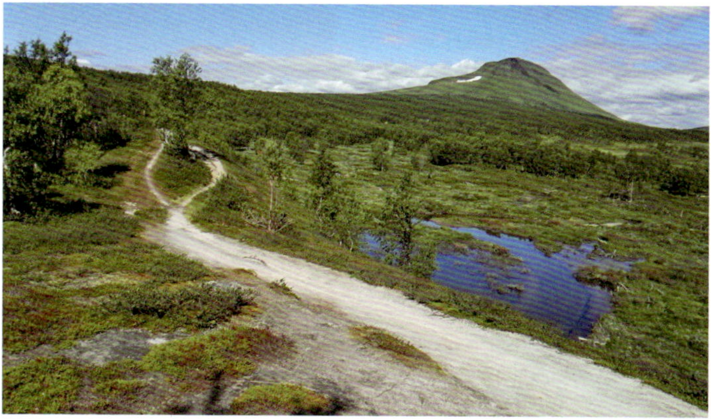

Sie laufen nun zurück in Richtung Mittåkläppen. Schautafeln bieten auch für Kinder interessante Informationen, z. B. zu Kinderarbeit auf den Sennereien. Häufig mussten Kinder tagsüber die weidenden Tiere begleiten.

Der Pfad verläuft nun zunehmend im Birkenwald. Der Bach Djupdalsbäcken taucht auf und wird über eine Holzbrücke gequert, an der sich auch eine Infotafel über die Bedeutung des Wassers für die Sennereien befindet.

Danach erreichen Sie die Säter Kuppvallen ❸. Sie gehörte laut Informationstafel als eine von vielen Sennereien einer Familie, wurde aber nur jeden zweiten Sommer genutzt. Viele Familien hatten mehrere Sennereien.

Ab hier laufen Sie wieder auf einem Fahrweg. Kurz darauf treffen Sie auf die letzte Sennerei der Tour, Storkläppvallen, wo Sie noch einmal letzte Informationen über die Anlage einer *säter* erhalten. Sie folgen dem breiten Mittåkläppsvägen nach links und lassen sich von der Wegmarkierung führen, bis Sie den Ausgangspunkt der Wandertour bei Djupdalsvallen wieder erreicht haben.

Nun haben Sie Zeit für eine verdiente Pause bei hervorragenden Waffeln mit Kaffee.

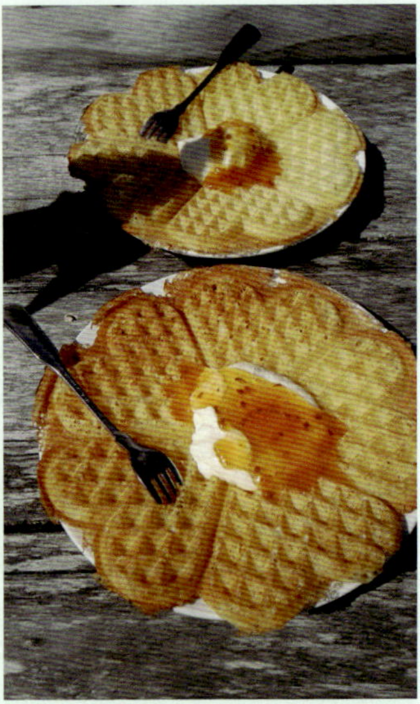

Wenn man berücksichtigt, dass dieses Café weder über elektrischen Strom noch über fließendes Wasser verfügt, weiß man die Leistung der Küche erst richtig zu schätzen. Genau darin liegt aber auch das Geheimnis der leckeren, krossen Waffeln. Nur wenn das Waffeleisen sehr heiß ist, bekommen sie diese Konsistenz. Elektrische Waffeleisen können hier mangels Elektrizität nicht betrieben werden. Diese verfügen meist über ein Thermostat, das bei einer bestimmten Temperatur, die aber deutlich unter der für eine krosse Waffel geforderten liegt, das Heizelement abschaltet. In Djupdalsvallens Våffelservering heizt man die Eisen über Gasflammen und erreicht somit die notwendigen hohen Temperaturen.

Hier noch ein Rezept für die schwedischen *frasvåfflor* (8-10 Waffeln):

- ☐ 2 dl Wasser
- ☐ 3 dl Weizenmehl
- ☐ 3 dl Schlagsahne
- ☐ 25 g geschmolzene und abgekühlte Butter oder Margarine

Waffeleisen vorwärmen.
Wasser und Weizenmehl zu einer gleichmäßigen Masse verrühren.
Butter oder Margarine zugeben.
Sahne schlagen und vorsichtig in die Masse einrühren.
Waffeln backen und frisch servieren. Dazu passen Schlagsahne und Beerenmarmelade, speziell Multbeermarmelade (*hjortronsylt*).

Lassen Sie es sich schmecken!

17 Auf den Mittåkläppen

WC

Aussichtsreiche Tour für Gipfelstürmer

Die Wanderung führt Sie durch Birkenwald ins blumenreiche Kalfjäll und hinauf auf den Gipfel des Mittåkläppen, von dem aus Sie eine herrliche Rundumsicht über die umliegenden Fjälls haben. Trittfeste und schwindelfreie Wanderer können dabei eine anspruchsvollere Variante wählen.

- Start/Ziel: Parkplatz bei Djupdalsvallens Säter, GPS N 62°42.873´ E 012°27.968´
- 6,2 km
- 2 Std. 30 Min.
- 351 m/351 m
- 855-1.212 m
- Guldturmarkierung
- ausgetretener Steig, ab und zu Holztreppchen
- Djupdalsvallens Våffelservering (km 0,2)

Der Mittåkläppen

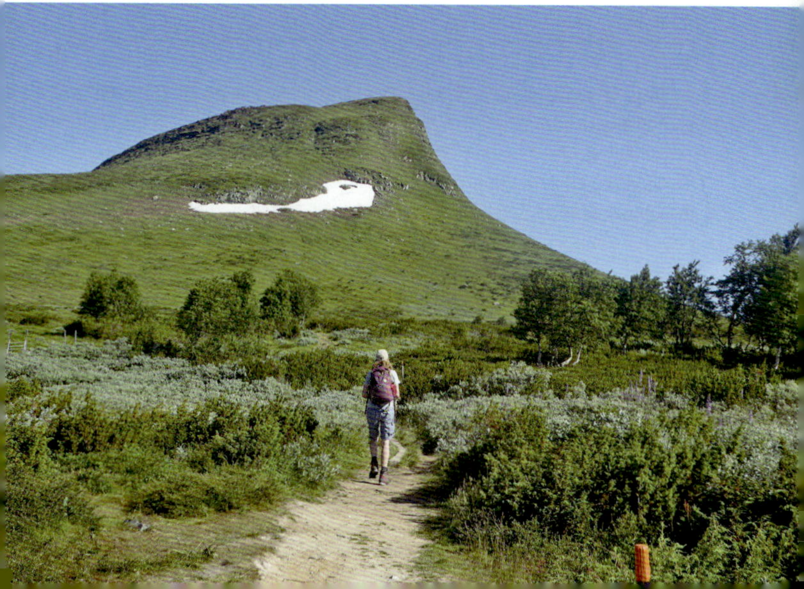

WC Trockentoiletten bei Djupdalsvallens Våffelservering (km 0,2)

An dieser Gipfeltour haben auch Kinder Freude.

Wasser gibt es nur unterhalb des Berges, es gilt Anleinpflicht wegen der Rentiere (siehe Infotafel am Parkplatz).

P gebührenfreier Parkplatz bei Djupdalsvallens Säter, Anfahrt ☞ Tour 16

Steilabfälle am Gipfel

Als Variante kann der steile und ausgesetzte Gipfelanstieg mit schönen Ausblicken gewählt werden.

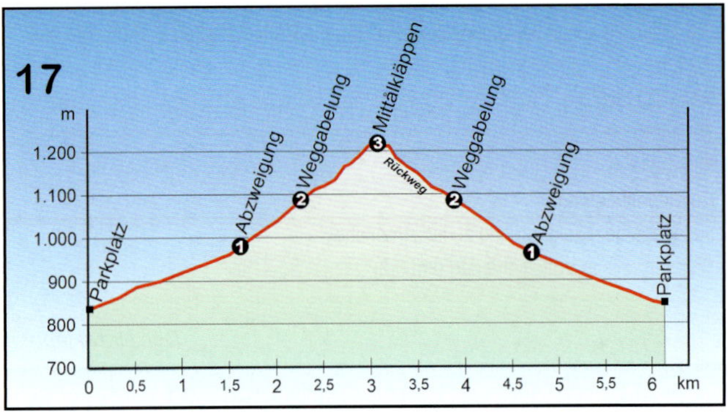

Die Tour beginnt am Parkplatz von Djupdalsvallens Säter (☞ Tour 16) und ist ausgeschildert. Informationstafeln erinnern Sie noch einmal nachdrücklich an die notwendige Rücksichtnahme auf weidende Rentiere.

Die Guldturmarkierung führt Sie rechts an der Sennerei vorbei und dann auf gut zu gehendem Pfad durch den Birkenwald mit geringer Steigung nach oben. Nach ca. 1,5 km überschreiten Sie die Baumgrenze und laufen im Kalfjäll. Schon vorher öffnen sich schöne Blicke auf das markante Profil des Mittåkläppen.

Von links plätschert Ihnen ein kleiner Bach entgegen, dann erreichen Sie eine Weggabelung ❶ (km 1,6). Das Guldturschild weist Sie nach links. Oberhalb liegt oft bis in den Sommer hinein ein Schneefeld, auf dem Rentiere oft Schutz vor der Wärme und den lästigen Mücken suchen. Laufen Sie bitte nicht auf das Schneefeld, wenn sich Rentiere dort aufhalten.

Sie laufen nun über weite Bergwiesen mit unzähligen Fjällblumen. Wenn Sie sich genauer umschauen, können Sie die Polster des purpurnen Fjällglims und die winzigen tiefblauen Blütenkelche des Fjällenzians entdecken. An heißen Tagen suchen auf dem Felsabsatz über Ihnen oft viele Rentiere Zuflucht vor Hitze und Mücken, da es dort kühler und windiger ist.

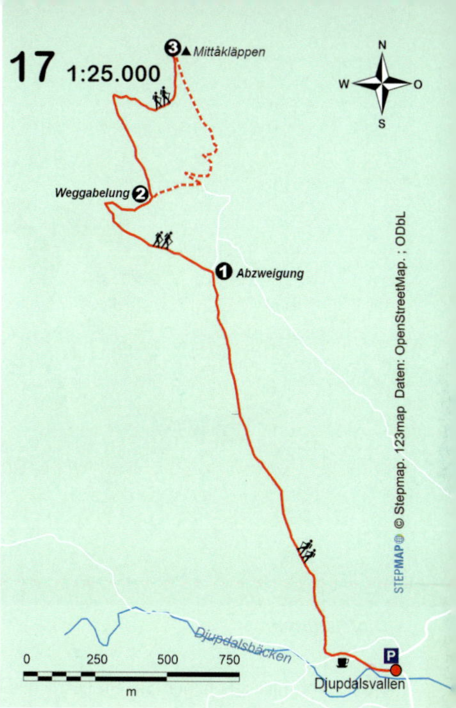

✋ Achten Sie darauf, die Tiere nicht zu stören. Laufen Sie nie in eine solche Herde hinein, sondern suchen Sie lieber einen Umweg, was bei dem Terrain kein Problem darstellt. Andernfalls würde die Herde flüchten und sich zerstreuen. Dabei verbrauchen die Tiere viel Energie und die Kälber werden beim Saugen gestört. Führen Sie Ihren Hund in diesem Weidegebiet immer an der Leine.

Sie werden mit dem Zoom trotzdem ausgezeichnete Tierfotos schießen können, außerdem nähern sich einzelne Tiere oft neugierig den Wanderern (☞ 📷 Seite 69).

Der Pfad umgeht nun eine Felsgruppe, kleine Holztreppchen erleichtern ab und zu den Aufstieg. In einem weiten Bogen geht es immer weiter in die Höhe. Bei km 2,3 stoßen Sie erneut auf eine Weggabelung ❷. Ein Doppelwegweiser beschildert zwei Möglichkeiten.

↳ Nach rechts heißt es: „VÄG UPP OBS BRANT!“ Hier verläuft der anspruchsvollere steilere Bergsteig, der nur bei Trittsicherheit und Schwindelfreiheit empfohlen wird, dafür aber herrliche Ausblicke bietet.

Auf dem nach links zeigenden Teil steht: „ALTERNATIVVÄG LÄTT“. Dieser leichteren Alternative, dem Normalweg, folgt die hier beschriebene Wanderung. Auf ihm gelangen Sie dann bald auf den Gipfel ❸ (km 3,1), wo die steilere Variante ebenfalls ankommt. Eine hohe Steinpyramide markiert die höchste Stelle.

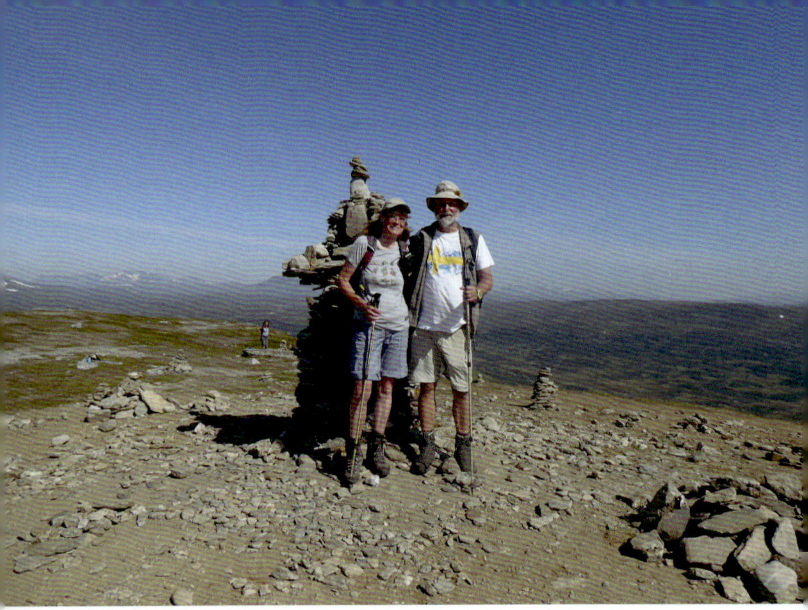

Gipfelstürmer

Von hier aus haben Sie ein herrliches Panorama vor Augen. Die gesamte umliegende Fjällwelt liegt Ihnen zu Füßen. Weit unten sehen Sie ein breites Tal, in dem sich der Mittån in großen Mäandern seinen Weg sucht. Die Erhebung des Viteggen (☞ Tour 16) ist deutlich zu erkennen.

Auf der östlichen Seite des Gipfels fällt das Gelände steil ab. Absturzgefahr!

Pausieren Sie auf dem flachen Gipfelplateau, bevor Sie sich auf den Rückweg machen. Dabei laufen Sie denselben Weg zurück, auf dem Sie gekommen sind. Kurz vor dem Ziel wartet Djupdalsvallens Våffelservering auf Sie.

18 Zu alten Gruben bei Ramundberget – Bergbau um 1700

Tour für historisch Interessierte

Die aussichtsreiche Rundtour führt zu Relikten des Bergbaus in früheren Jahrhunderten (1686-1877), als hier im Fjäll nach Kupfer- und Eisenerz gegraben wurde. Infotafeln bieten an den einzelnen Stellen Erklärungen zu Bergbaumethoden und den Arbeitsbedingungen der im Bergbau Beschäftigten früherer Zeiten. Auch Gräber aus der Wikingerzeit und alte Fanggruben für Wildtiere liegen am Weg.

Start/Ziel: Parkplatz bei Djupdalsvallens Säter, GPS N 62°42.873´ E 012°27.968´

7,8 km

2 Std. 30 Min.

226 m/226 m

849-944 m

Wegweiser, Guldturmarkierung

leichte Fjällpfade

Djupdalsvallens Våffelservering (Start/Ziel)

Raststelle (km 2,2), Gruvstugan (km 3,6)

WC Trockentoiletten an der Gruvstugan (km 3,6) und bei Djupdalvallens Våffelservering (Start/Ziel)

Bei entsprechenden Erklärungen können die historischen Stätten auch für Kinder interessant werden.

Leichtes Terrain, Wasser findet sich oft am Weg.

P gebührenfreier Parkplatz bei Djupdalsvallens Säter, Anfahrt ☞ Tour 16

Das Betreten alter Grubengänge ist lebensgefährlich. Es besteht Einsturzgefahr.

Alternativ können Sie über Ramundberget in die Tour einsteigen.

Wenn Sie die Alternativroute wählen, steigen Sie von Ramundberget aus auf und stoßen bei der Gruvstugan ❷ auf den Rundweg. Der Anstieg ist jedoch steil und überwindet 200 Höhenmeter. Der Weg beginnt in Ramundberget an der Brücke über den Ljusnan und ist in Richtung Gruvstugan beschildert.

Von Funäsdalen aus fährt die Linie 622 nach Ramundberget (dreimal täglich). Informationen über Fahrpläne und Ticketpreise erhalten Sie unter ltr.se.

Die Tour beginnt bei Djupdalsvallens Säter und ist als Guldtur (Gruvturen) ausgeschildert. Folgen Sie dem Pfad im Tal am Bach entlang bis hinter Djupdalvallens Säter. Dort stoßen Sie auf einen Wegweiser, der die Tour mit 8,2 km in zwei Richtungen beschildert. Hier beginnt und endet die Rundtour. Folgen Sie der linken Abzweigung „Gruvstugan via Forngravar 3,6 km".

Fjällglim

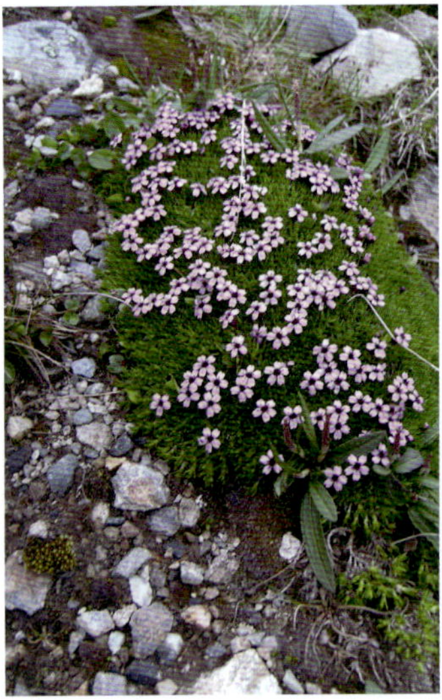

Eine Brücke leitet Sie über den Bach, dann geht es ein Stück bergauf zu einer Tafel, die bei den Resten alter Fanggruben über diese Jagdmethode informiert. Durch Birkenwald, der mit Weiden durchsetzt ist, setzen Sie Ihren Weg fort. Der Pfad ist gut markiert, das Gelände wird freier, die Aussicht weiter, die markante Mittåkläppen ist zu sehen. Rechts zeigt sich ein kleiner Teich und bald darauf sehen Sie auf derselben Seite eine Infotafel über Schwedens höchstgelegene Grabhügel aus der Zeit von 800-1050 n. Chr. ❶ (km 1,8).

Beim Weitergehen stoßen Sie auf eine Infotafel über die Wohnungen der Grubenarbeiter, die hier unter primitiven Bedingungen hausten. Ein einfacher Rastplatz mit Sitzgelegenheit liegt am Weg, der sich nun abwärts durch die Abraumhalden einer ehemaligen Grube, der **Gammelgruvan**, zieht. Man kann nun weit über das Ljusnantal schauen, in dem Ramundberget liegt, und hat einen guten Blick auf die Skigebiete auf der anderen Talseite.

Erneut stoßen Sie auf Reste alter Fanggruben, die zu einem System von über hundert Gruben gehörten, das sich zwischen dem Mittåkläppen und dem Tal des Ljusnan erstreckte.

Die Gruben waren oft mit angespitzten Holzpfählen bestückt, um die hineinstürzenden Tiere zu töten. Zäune dazwischen führten die Jagdbeute gezielt in die Gruben. Die ältesten von ihnen stammen aus der Steinzeit, erst 1864 wurde diese Jagdmethode verboten.

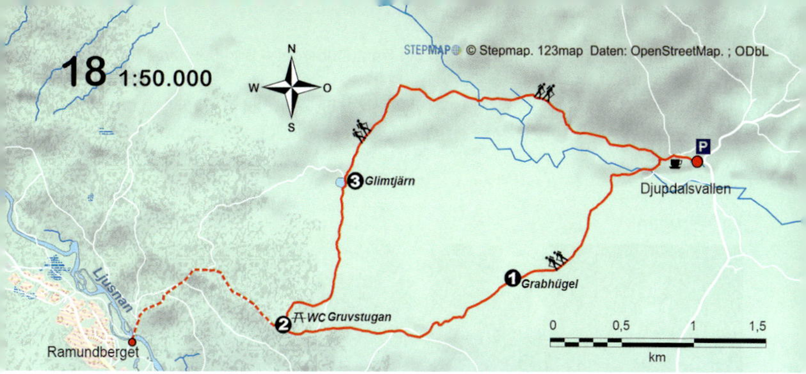

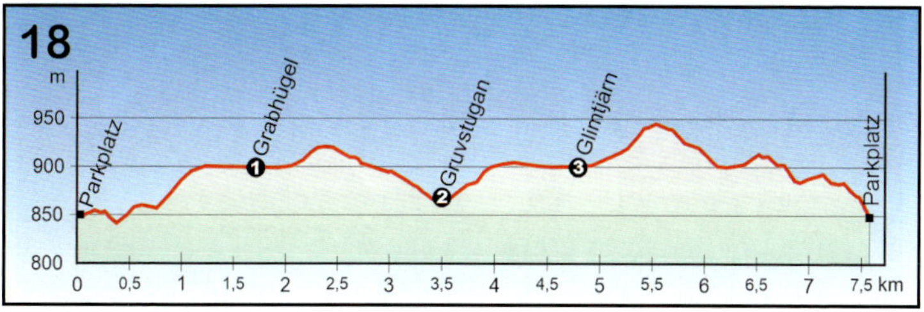

Der Weg wird nun breiter und führt auf Stegen über eine sumpfige Senke und einen kleinen Bach. An einem Wegweiser folgen Sie der Beschriftung „Ramundberget via Gruvstugan 2,8 km" nach rechts. Sie passieren nun kleine Teiche auf beiden Seiten des Weges. Infotafeln berichten über die Gesetze, die für die Grubenarbeiter galten, und die Strafen bei Verstößen.

Ein leichter, etwas steiniger Anstieg bringt Sie zu einer weiteren Abraumhalde des Tagebaus. Dort bekommen Sie Informationen über die verschiedenen Methoden, mit denen man das Gestein sprengen konnte.

Tillmakning war die älteste Sprengmethode. Dabei wurde das Gestein durch Feuer und Wasser zum Zerspringen gebracht. Erst später wurde es gebräuchlich, Schwarzpulver (*krut*) als Sprengmittel einzusetzen.

Grünliches Gestein weist darauf hin, dass hier eher Kupfererz als Eisenerz zu finden war. Durch Birkenwald laufen Sie weiter zu Infotafeln über die Arbeitsbedingungen der Bergleute, die oft aus Norwegen kamen, da die ortsansässigen Bauern wenig Interesse für die Gruben zeigten. Fundamente zeigen die Reste des ehemaligen *kruthuset*, des Pulverhauses, in dem das Sprengmittel aufbewahrt wurde.

Dann erreichen Sie die 📷 Gruvstugan ❷ (km 3,6), die ehemalige Unterkunft für den Leiter der Gruben, den *gruvfogde*, der für die Organisation der Arbeiten verantwortlich war.

Gruvstugan

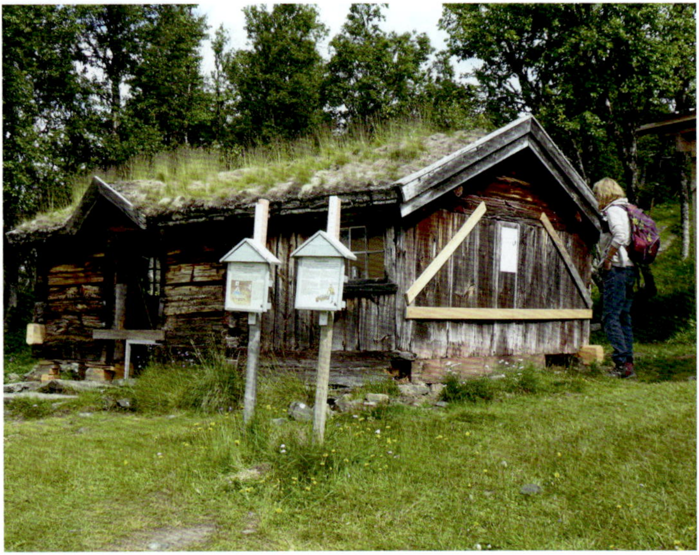

⛺ Hier finden Sie einen Rastplatz mit Feuerstelle, Unterstand, Sitzgelegenheit und Trockentoilette.

Der Wegweiser „Djupdalsvallen via Glimtjärn 4,2 km" zeigt Ihnen den weiteren Wegverlauf an. Hinter der Gruvstugan geht es nach oben, aus dem Birkenwald heraus. An einer Weggabelung laufen Sie links weiter, rechts ginge es wieder zurück. Eine Tafel informiert über den oft schwierigen Erztransport.

Das Erz konnte nur im Winter mit Pferdeschlitten in das 30 km entfernte Ljusnedal gebracht werden, wo es in Ljusnedals bruk verarbeitet wurde. Zwei Tage dauerte ein Transport in der Regel. Steile Teilstrecken und schlechte Wetterverhältnisse machten ihn oft gefährlich und strapaziös.

☺ In Ljusnedal gibt es den Kultursteig „**Bruksturen**", in dessen Verlauf ausführlich über die Erzverarbeitung informiert wird. Der 800 m lange, mit vielen Schautafeln versehene Pfad beginnt an der Kirche in Ljusnedal.

Der Weg wird etwas steiniger und führt über das Fjäll bis zum Glimtjärn ❸ (km 4,8), einem kleinen See, an dem die Reste und Abraumhalden der Blixtgruva zu sehen sind, einer Grube, die auch im Winter bearbeitet werden konnte. Hier wächst zahlreich der purpurne Fjällglim, nach dem der See auch benannt wurde.

Laufen Sie geradeaus weiter nach Djupdalsvallen, immer in Richtung des vor Ihnen liegenden Mittåkläppen. In dem freien Gelände haben Sie gute Chancen, Rentiere zu sehen. Bald kommen Sie an eine Wegkreuzung, an der Sie rechts abbiegen. Nun senkt sich der Weg wieder in die Birkenwälder und folgt teilweise durch Wiesengelände dem Wasserlauf eines kleinen Tals. Zum Schluss erreichen Sie den Doppelwegweiser, an dem Sie die Runde begonnen haben. Von hier aus sind es nur noch ein paar Hundert Meter bis zu Djupdalvallens Våffelservering (☞ Tour 16), wo Sie die Tour mit einer Einkehr beenden können.

Weg durch Abraumhalden

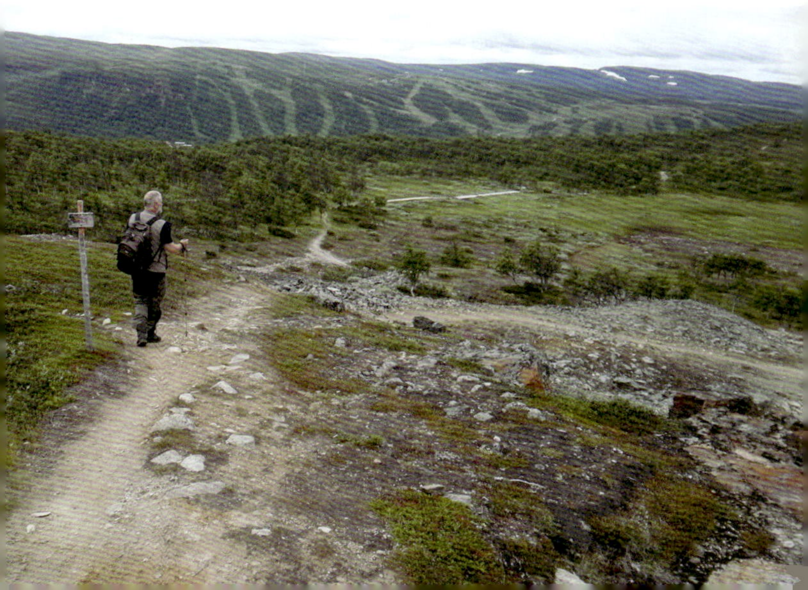

19 Felsmalereien im Fjäll bei Messlingen

Tour für geologisch und prähistorisch Interessierte

Die Rundtour führt Sie zuerst durch Birkenwald zu einer geologischen Sehenswürdigkeit: dem Evagraven, einem eiszeitlichen Graben, der sich tief in das Land eingegraben hat. Danach laufen Sie weiter über Kalfjäll zu einer Stelle, an der Sie Felsmalereien (hällmålningar) *aus einer Zeit vor 3.000-4.000 Jahren sehen werden.*

Wählen Sie die Alternativroute, besuchen Sie noch einen zweiten eiszeitlichen Graben, den Fiskhålsgraven, in dessen Wasser eine seltene Fischart lebt.

Start/Ziel: Parkplatz in Ruvallen, GPS N 62°40.835´ E 012°55.655´

6,5 km

2 Std.

↑ ↓ 211 m/211 m

761-944 m

Wegweiser, Guldturmarkierung

zum Teil steinige Fjällpfade, sumpfige Stellen manchmal lang mit Stegen versehen

Sitzgarnituren und Windschutz am Parkplatz (Start/Ziel), Sitzgelegenheiten und Feuerstelle bei den Felsmalereien (km 4)

WC Trockentoilette am Parkplatz (Start/Ziel)

Der Canyon und die Felsmalereien begeistern auch Kinder. In lesefähigem Alter können sie selbst die dazugehörigen Informationen den Tafeln entnehmen.

Absturzgefahr bei Klettereien auf den Felsen am Canyon!

Unproblematischer Weg, Wasser findet sich am Evagraven.

P Gebührenfreier Parkplatz in Ruvallen. Die Anfahrt erfolgt von der Straße zwischen Mittådalen und Hede aus. Wenn Sie wie die meisten von Mittådalen kommen, biegen Sie ca. 2 km hinter Messlingen nach links auf einen Fahrweg in Richtung Ruvallen ab. Direkt hinter der Abzweigung versperrt ein Schlagbaum den Weg. Füllen Sie das ausgelegte Formular aus und werfen Sie es zusammen mit der Mautgebühr von SEK 40 für ein Fahrzeug in den Briefkasten. Der Schlagbaum lässt sich per Hand öffnen und schließen. Die folgenden 2 km bestehen aus einer privaten Mautstraße mit Ölkiesbelag, die in schlechtem Zustand ist.

Die Öffnungszeit des Weges ist von der Schneesituation im Juni abhängig. Informationen darüber gibt das Touristenbüro (☏ +46/(0)68 41 55 80).

längere Route über den Fiskhålsgraven

Die Tour beginnt am Parkplatz bei Ruvallen.

Wenn Sie die Variante wählen, folgen Sie dem Pfad, der links in den Wald führt. Dann gelangen Sie zunächst zum Fiskhålsgraven und von dort aus zum Evagraven.

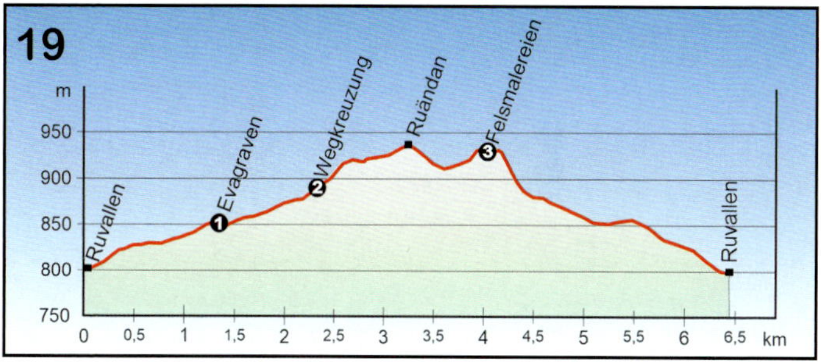

Wir schlagen vor, dass Sie dem Schild „Evagraven" folgen und direkt auf die vor Ihnen liegende Fäbod Ruvallen zugehen. An dem Tor halten Sie sich rechts und gehen an dem alten Holzzaun entlang, der das Gelände der Fäbod mit den gut erhaltenen Holzgebäuden umschließt.

Dahinter führt ein etwas steiniger Pfad leicht ansteigend direkt in den Fichtenwald. Bald kommen Sie an eine Weggabelung. Hier beginnt die Rundtour. Folgen Sie dem Pfad auf der linken Seite in Richtung Evagraven. Durch hohen Fichtenwald mit einer Untervegetation aus Beeren, Kräutern und Blumen geht es stetig bergauf. Moorige Stellen werden auf Stegen überquert. Auf einer Lichtung leuchten die flauschigen weißen Blüten des Wollgrases. Ein Anstieg folgt, hinter dem es wieder flacher wird. Das Gelände wird freier, Birken mischen sich zwischen die Fichten, ein Bach kreuzt den Weg.

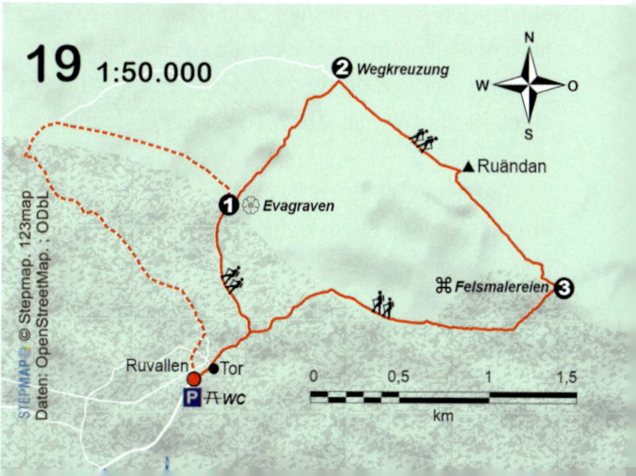

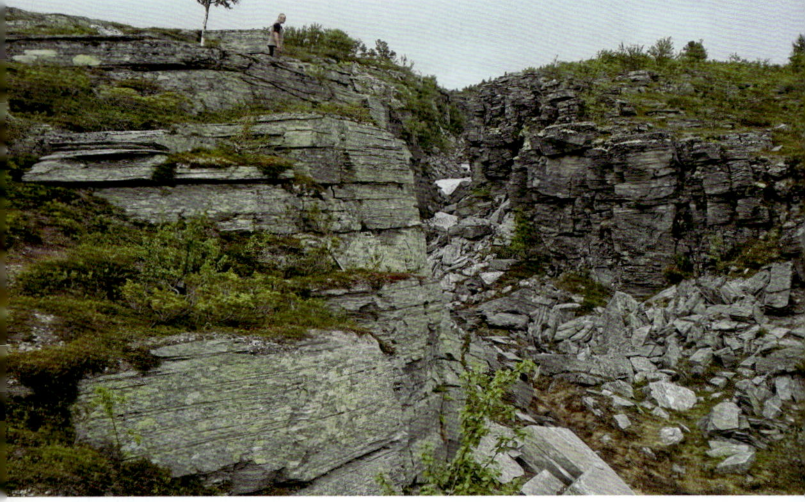

Evagraven

Dann sehen Sie Felsformationen vor sich, durch die sich der Pfad windet. Die Sicht wird freier, Heidekraut bedeckt den Boden und Sie haben den Canyon des Evagravens erreicht ❶ (km 1,3).

Evagraven und Fiskhålsgraven sind große Canyons, die sich vor ca. 10.000 Jahren beim Abschmelzen des Inlandeises der letzten Eiszeit gebildet haben. Sie entstanden, als ein riesiger Schmelzwassersee sich einen Abfluss suchte. Im Fiskhålsgraven kommt eine spezielle Art des Fisches *röding* vor, der geschützte *dvärgröding*, der seit der Eiszeit hier überlebt hat und vermutlich von der Ostsee her eingewandert ist, als der Meeresspiegel deutlich höher war als heute.

Tief eingeschnitten liegt diese eindrucksvolle Felsschlucht vor Ihnen. Auf ihrem Boden fließt ein kleiner Bach. Klettern Sie auf die Felsen auf der linken Seite und werfen Sie einen Blick in die Tiefe.

Absturzgefahr! Achten Sie besonders auf Sicherheit, wenn Sie mit Kindern unterwegs sind.

Beim Weitergehen steigen Sie in den Graben hinunter und queren den kleinen Bach über einen hölzernen Steg. Ein Wegweiser mit der Aufschrift „Hällristningar" zeigt Ihnen die Richtung. Der Pfad klettert nun durch Felsen ein Stück nach oben und folgt dem Evagraven auf der rechten Seite. Immer wieder hat man schöne Blicke in den Canyon. Bald führt der Weg vom Graben weg und durch Birkenwald auf die Höhe. Achten Sie auf die Markierungen, da es Pfade gibt, die in den Graben führen.

Oben im Kalfjäll stoßen Sie an einer Wegkreuzung ❷ (km 2,3) auf eine Infotafel mit Informationen zum Evagraven. Ein Wegweiser führt Sie nach rechts in Richtung „Hällmålningar". Nun laufen Sie auf einem Höhenzug des Ruändan oberhalb der Baumgrenze mit weiten Ausblicken in das umliegende Land mit seinen Seen, Wäldern und Fjälls.

Auf dem Gipfel des Ruändan befindet sich eine Erdpyramide, deren Entstehung nicht eindeutig geklärt ist. Die Ansichten dazu schwanken zwischen natürlicher Erhöhung und Grabhügel. Raubgrabungen wurden gemacht, aber eine archäologische Untersuchung steht noch aus.

Felsmalereien

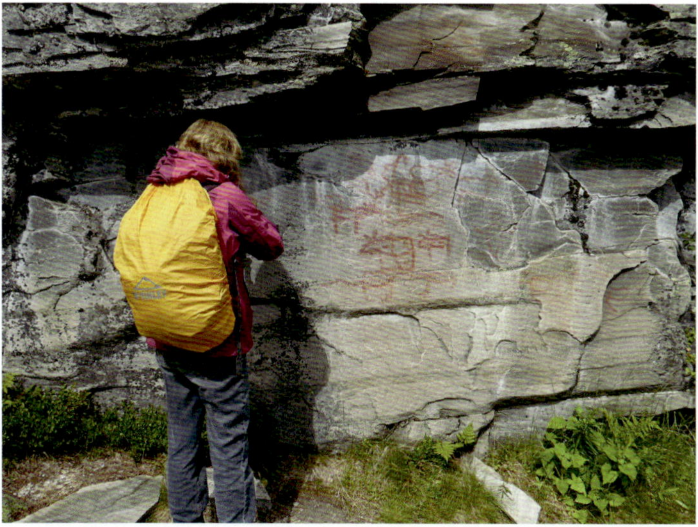

Der Weg senkt sich nun wieder. Auf der linken Seite blicken Sie über endlos scheinende Moorflächen. Dann geht es steil hinunter in den Wald, wo Sie die Stelle erreichen ❸ (km 4), an der sich links vom Weg in ein paar Metern Entfernung die Felsmalereien befinden. An einer Felswand kann man gut die rötlichen Malereien erkennen. Infotafeln vermitteln Wissenswertes darüber.

⌘ Die ca. 20 Tier- und Menschenfiguren wurden vor etwa 3.000 bis 4.000 Jahren von umherziehenden Jägern und Fischern unter Verwendung von Ockerfarben geschaffen, vermutlich als Jagdzauber.

Unterhalb der Malereien erstreckt sich ein weitläufiges, leicht abfallendes Plateau mit flachen Felsplatten, von denen man eine weite Aussicht hat. Eine Feuerstelle und einfache Sitzgelegenheiten markieren den offiziellen Rastplatz in der Nähe der Malereien, es ist jedoch schöner, sich auf den Felsen eine geeignete Stelle zu suchen.

Der Rückweg nach Ruvallen ist beschildert. Durch Fichtenwald geht es bergab. Ein mooriges Gebiet ist dabei lang mit Stegen versehen, sodass Sie schnell vorankommen. Zum Schluss erreichen Sie wieder die Kreuzung oberhalb von Ruvallen, an der Sie die Runde begonnen haben. Von dort aus folgen Sie demselben Weg, auf dem Sie gekommen sind, zurück zum Parkplatz.

Ruvallen

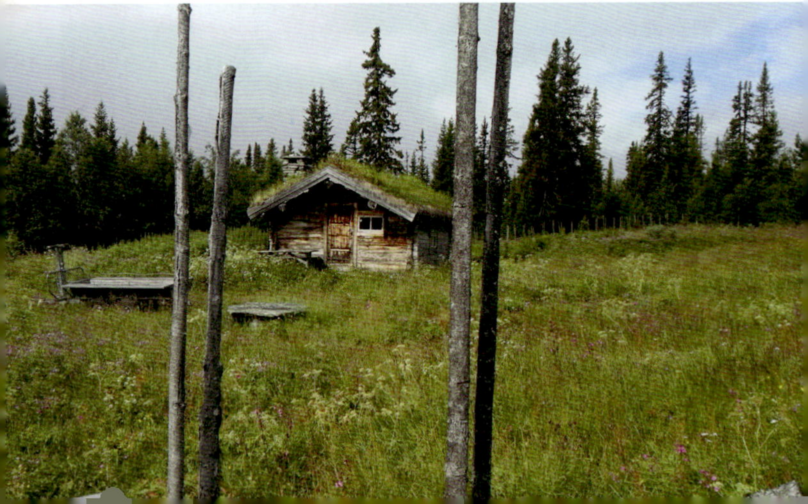

⑳ Gletschertour nach Helags

Zweitagestour für konditionsstarke Wanderer mit Übernachtung auf der Fjällstation

Die Wanderung führt durch eine kleine Samensiedlung am Kesusjön vorbei durch Birkenwald hinauf auf das Kalfjäll. Von da an haben Sie das Helagsmassiv mit seinem Gletscher beständig vor Augen. Über Fjällheide wandern Sie auf einem deutlich ausgetretenen Pfad dem Ziel des ersten Tages, der Fjällstation Helags, entgegen, durchqueren dabei kleine Bäche und genießen die .weite Aussicht ins Gebirge. In der Fjällstation können Sie den Tag bei dem dort angebotenen middag *beschließen oder selbst in einer der Selbstversorgerhütten kochen. Die blaue Abendstunde taucht den Gletscher in ein kaltes Licht.*

Der zweite Tag wird anstrengender. Auf markiertem Steig wandern Sie hoch bis zum Helagsgletscher, dem südlichsten Gletscher in Schweden. Während der Steig weiter bis zum Gipfel führt, suchen Sie sich eigene Wege bis zum Eis, um den Gletscher hautnah zu erleben. Danach steigen Sie wieder bis zur Fjällstation ab und wandern von dort auf demselben Weg, auf dem Sie gekommen sind, zurück.

Start/Ziel: Parkplatz bei Kläppen, GPS N 62°53.735´ E 012°42.702´

28,4 km (1. Tag: 11,7 km, 2. Tag: 16,7 km)

8 Std. 30 Min. (1. Tag: 3 Std. 15 Min., 2.Tag: 5 Std.15 Min.)

801 m/801 m (1. Tag: 342 m/145 m, 2. Tag: 459 m/646 m)

784-1.345 m

Wanderpfad, teilweise steil und steinig, mit leichten Watstellen

Wegweiser, rote Farbmarkierung

Fjällstation Helags (km 11,7)

WC Toilette am Parkplatz Kläppen (Start/Ziel)

Badestelle mit Sandstrand am Kesusjön (km 2,4)

Aufgrund der langen Strecke am zweiten Tag ist die Tour nur für ältere Kinder mit Wandererfahrung geeignet. Das Kalfjäll bietet ihnen viel Freiheit, die Umgebung zu erkunden, speziell um die Fjällstation herum. Kleine Bergbäche bieten ideale Rastplätze und verlocken zu Spielen im und am Wasser. Am Anfang bzw. gegen Ende gibt es einen schönen Badeplatz am Kesusjön.

Das Klettern im Geröll der Moränen des Gletschers ist für Kinder gefährlich. Achten Sie auf Sicherheit.

Der steile und steinige Bergsteig zum Gletscher und das Klettern im Geröll der Moränen stellen für Hunde ein Problem dar.

Gebührenpflichtiger Parkplatz mit Toiletten und Nottelefon bei Kläppen, ca. 6-7 km nordwestlich von Ljungdalen. Die Anfahrt nach Ljungdalen erfolgt entweder von Funäsdalen aus, wobei man über die bei Flatruet am höchsten gelegene Landstraße Schwedens (☞ Tour 15) fährt, oder von Åsarna. In Ljungdalen beginnt neben dem ICA ein ausgeschilderter, größtenteils asphaltierter Weg zum Parkplatz bei Kläppen.

Busverbindung von Svenstavik nach Ljungdalen mit den Buslinien 163 und 213. Es gibt nur wenige Busverbindungen am Tag. Informationen zum Fahrplan und Preisen erhalten Sie unter ltr.se. Von Ljungdalen gibt es einen Taxidienst nach Kläppen (☏ +46/(0)68 72 03 02).

Auf dem Rückweg können Sie eine Alternativroute wählen.

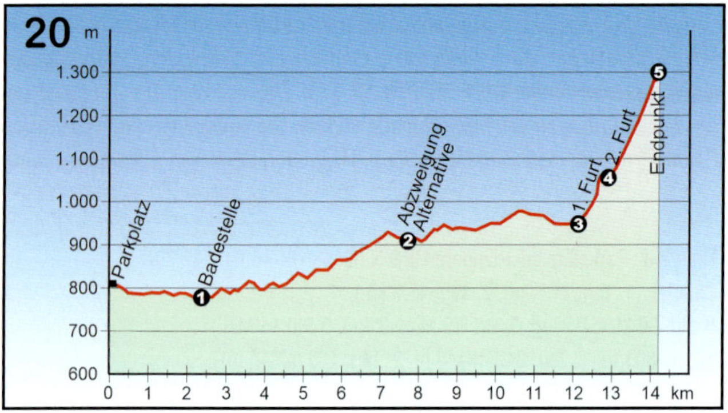

1. Tag

Vom Parkplatz aus führt ein breiter Kiesweg durch Birkenwald hinunter zu der kleinen Samensiedlung Kesuvallen. Unter den Bäumen gibt es üppigen Pflanzenwuchs, unter anderem wachsen hier *fjälltolta* und *stormhatt*. Nach ein paar Hundert Metern verlockt die Beschilderung dazu, nach rechts abzubiegen. Die Wegkreuze und das Hinweisschild zeigen aber, dass es sich hier um den Winterweg handelt. Folgen Sie weiter dem Fahrweg. Vorbei an dem privaten Parkplatz der Bewohner der Siedlung führt er zwischen den Häusern hindurch. Schilder weisen darauf hin, dass es sich rechts und links des Weges um Privatgelände handelt, das man respektieren solle. Kein Lagern auf den Wiesen, kein Blumenpflücken, kein Zelten. Nur gucken, nicht anfassen!

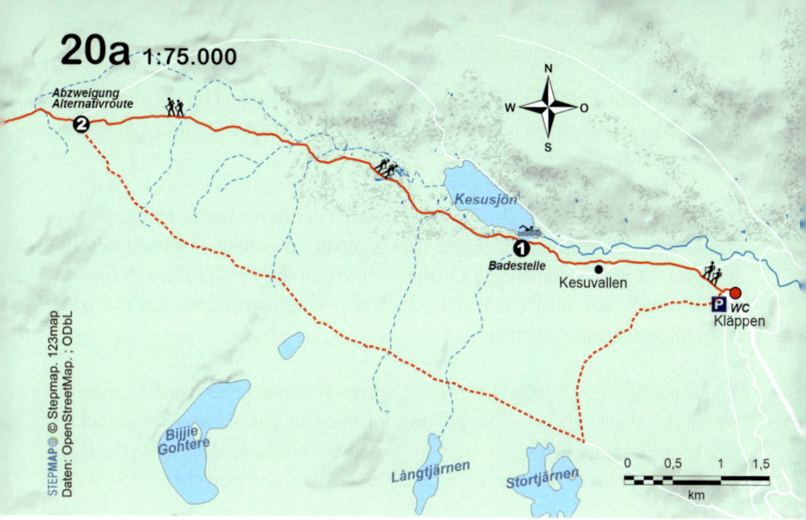

Nach 2,4 km erreichen Sie am Kesusjön einen Sandstrand ❶, der zum Baden einlädt.

In den Wiesen am Strand können Sie mit etwas Glück Orchideen (Geflecktes Knabenkraut) finden. Der Fahrweg wird nun zum schmalen Wanderpfad, der sich längere Zeit durch Birkenwald schlängelt. Dann steigen Sie höher hinauf und erreichen die Baumgrenze. Nun geht der Blick weit über die hinter und unter Ihnen liegenden Wälder, aus denen der Kesusjön blau leuchtet. Sie lassen die letzten Birken, die an heißen Tagen auch den letzten Schatten bei einer Rast bieten, hinter sich und sehen bald darauf das majestätische Helagsmassiv vor sich auftauchen. Das weiße Band des Gletschers schimmert hell in der Sonne. Der Wanderpfad verläuft nun im Kalfjäll, das weite Ausblicke in die Fjällwelt ermöglicht. Kleinere Bäche müssen durchwatet werden, bei normalem Wasserstand kein Problem.

☺ Raststellen am Wasser finden sich hier überall. Lagern Sie bequem in der weichen Fjällheide, lauschen Sie dem Plätschern des Wassers und freuen Sie sich, falls Sie mit Kindern wandern, darüber, wie unbeschwert Ihre Kinder herumtollen, um die Umgebung zu erforschen. Wenn Sie einen Kocher mit sich führen, ist dies der richtige Platz, um einen Kaffee oder Tee zu kochen, zu relaxen und die Wildnisatmosphäre zu genießen.

Der gut markierte Weg führt immer weiter über die Höhe. Das Bergmassiv des Helags wird immer deutlicher in allen Einzelheiten sichtbar. Mit etwas Glück kann man im Fjäll Rentiere beobachten.

Es wird vermutet, dass der Name Helags von der Bezeichnung *Heliga fjället* – das heilige Fjäll – abstammt. Diese naheliegende Vermutung ist allerdings nicht belegbar. Dagegen sind andere Ortsbezeichnungen wie Predigtstolen, Sakristian und Biskopsån auf christliche Wanderer, die dem Weg zum Nidarosdom in Trondheim folgten, zurückzuführen.

Sie passieren die Abzweigung verschiedener Winterwege ❷ (km 7,6), erkennbar an den Wegkreuzen, wo Sie auf dem Rückweg auf eine Alternativroute abbiegen können, und sehen später nach Erreichen des höchsten Wegpunkts die Fjällstation unter sich liegen, die Sie nach insgesamt 11,7 km erreichen.

Die Fjällstation Helags liegt auf 1.053 m Höhe und ist die jüngste Fjällstation des STF. Übernachtungsmöglichkeiten gibt es in drei Hütten mit Vierbettzimmern, Übernachtungen mit Hund sind in einem Zimmer mit 10 Betten möglich. Darüber hinaus finden sich noch weitere Räume mit mehreren Betten. Vorbuchungen sind besonders in der Hauptsaison dringend empfohlen. In der Umgebung finden sich gute Zeltplätze, falls Sie im mitgeführten Zelt übernachten möchten. Es werden Abendessen (*middag*) und Frühstück sowie tagsüber Kaffee, Waffeln und Suppe angeboten. In der Hauptsaison ist eine Vorbestellung des

Fjällstation Helags

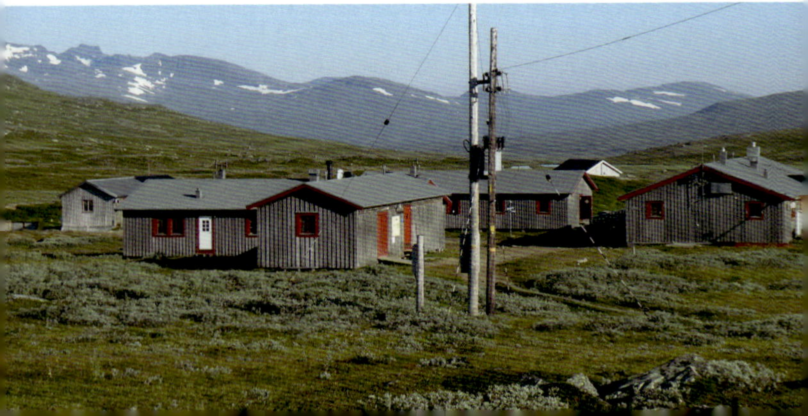

Abendessens zu empfehlen. Ein kleines Geschäft (*butik*) bietet Proviant und ein beschränktes Angebot an sportlicher Ausrüstung an. Seit 2019 gibt es ein neu gebautes Servicegebäude mit WC und Sauna.

♦ TF Helags Fjällstation, 84035 Ljungdalen, ☏ +46/(0)1 01 90 24 70, www.svenskaturistforeningen.se/boende/stf-helags-fjallstation/, helags@stfturist.se, Ende Juni bis Ende Sep, Übernachtungspreise: im Zimmer je nach Standard SEK 450-850, Zeltgebühr SEK 115-215, Middag SEK 280, Frühstück SEK 100. Alle Preise gelten für Mitglieder im STF, Nichtmitglieder zahlen etwas mehr.

Idealer Rastplatz für Kinder (mb)

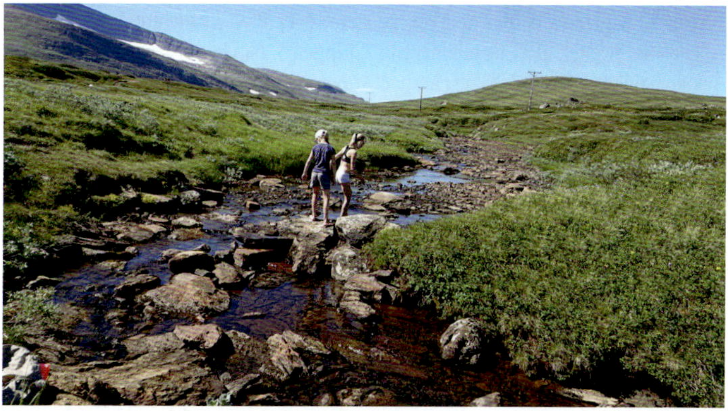

Die Umgebung der Fjällstation ist für Kinder ein riesiger Abenteuerspielplatz mit Felsen, Bächen und freien Fjällheideflächen, wo sie in übersichtlichem Gelände herumtollen können.

☺ Die Fjällstation eignet sich gut als Ausgangspunkt für verschiedene Tagesausflüge. Neben der Gletschertour kann man auch auf zwei verschiedenen Wegen den 1.797 m hohen Gipfel des Helags besteigen, von dem aus man eine fantastische Aussicht über die Fjällwelt Jämtlands hat. Dafür empfiehlt sich allerdings eine zweite Übernachtung.

In der Umgebung gibt es eine Population des Fjällfuchses (*fjällräven*), dessen Bestände im Fjäll bedroht sind. Ab und zu werden Exkursionen zur Beobachtung dieser Tiere angeboten.

2. Tag

Am zweiten Tag erfolgt nach der Stärkung am reichhaltigen Frühstücksbuffet der Ausflug zum Helagsgletscher, dem südlichsten Gletscher Schwedens. Deponieren Sie Ihr großes Gepäck gegebenenfalls an oder in der Fjällstation und laufen Sie nur mit einem kleinen Tagesrucksack.

Sie verlassen die Fjällstation in Richtung Sylarna. Der Wanderpfad führt hinunter zu einem Bach, an dem die Badestelle der Station, „Helagsbad", ausgeschildert ist. Folgen Sie dem Schild „Toppen" und überqueren Sie auf einer kleinen Brücke den Bach. Der Weg führt nun quer über das Tal. Bald gelangen Sie an eine Weggabelung. Rechts führt ein markierter Wanderweg weiter zur Fjällstation Sylarna und geradeaus ein deutlich ausgetretener Pfad in Richtung des Berges. Folgen Sie weiter der Beschilderung „Toppen". Noch vor dem eigentlichen Anstieg müssen Sie den Gletscherbach überqueren ❸ (km 12,1). Eine Brücke gibt es hier nicht, Sie waten durch die Verzweigungen des Baches.

Nach ein paar Hundert Metern steigt das Gelände steil an. Der mit roten Farbmarkierungen versehene Steig schlängelt sich rechts des schäumenden Gletscherbachs in die Höhe. Achten Sie auf die Markierungen, es gibt mehrere Trittspuren, die in die Höhe führen. Mit Kindern kann man hier aber auch wunderbar eigene Wege durch die Felsen entlang des Baches, der in kleinen, schäumenden Kaskaden in die Tiefe stürzt, suchen. Achten Sie dabei aber auf steile Passagen.

Der Gletscher

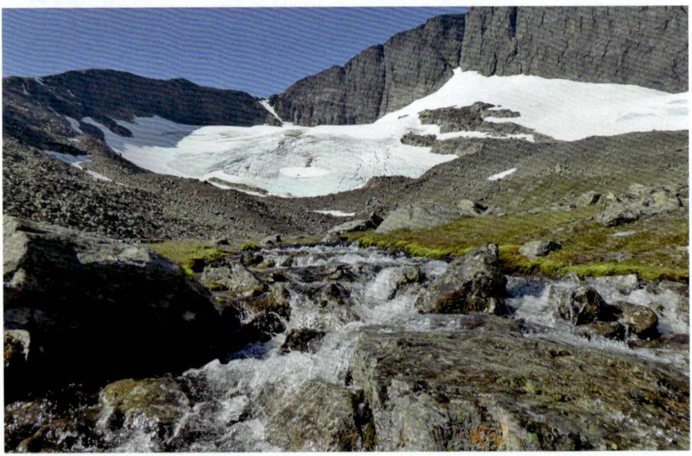

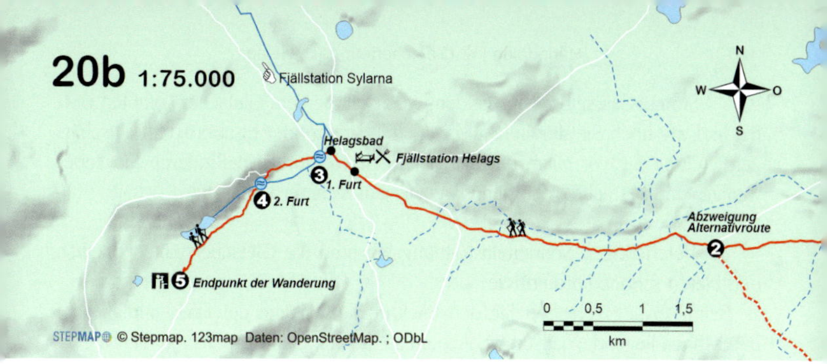

An vielen Stellen findet man die Polster des violetten Fjällglims zwischen den Steinen. Auf der rechten Seite liegt oft teilweise bis in den Sommer hinein ein Schneefeld. Der Blick zurück geht weit über das Land. Tief unten kann man die Gebäude der Fjällstation erkennen. Einige Zeit später muss man erneut den Gletscherabfluss überqueren ❹ (km 12,9). Auch hier ist Waten angesagt.

Ein weiterer Anstieg führt in ein altes Gletscherkar. Ein kleines, grasbewachsenes Plateau mit einem versumpften alten Karsee lädt zur Pause ein. Von hier aus hat man bereits einen schönen Blick auf den Gletscher.

Nun geht es auf der linken Seite sehr steil weiter über alte Endmoränen in die Höhe. Rechts strömt viel Schmelzwasser über das Geröll in die Tiefe. Hinter dem Steilanstieg liegt ein weiteres altes Kar mit Karsee. Zwischen den Steinen blüht in dieser Höhe die genügsame Eisranunkel. Hier liegt auch der End- bzw. Wendepunkt der Wanderung ❺ (km 14,2). Neben dem über Felsstufen in die Tiefe stürzendem Gletscherbach lässt es sich bei einem fantastischen Blick auf den Gletscher herrlich rasten.

Der Helagsgletscher ist ein sogenannter Nischengletscher. Auch an ihm ist die allgemeine Erderwärmung nicht spurlos vorbeigegangen. Durch Abschmelzen ist er mittlerweile in zwei Teile geteilt. Die vielen Endmoränen zeugen davon, dass er in früheren Zeiten eine wesentlich größere Ausdehnung besaß.

Markierte Trittspuren führen auf die linke Seite und dort durch Geröll und Blockhalden weiter auf den Gipfel. Sie können sich nun selbst Wege über die Moränenwälle, vorbei an den kleinen Seen, bis hin zum Eis suchen. Es ist aber eine mühselige Unternehmung, die Trittsicherheit erfordert. Auf der rechten Seite des Karsees führen unmarkierte Trittspuren hoch auf die Endmoräne, wo sie sich in den Blockhalden verlieren.

Sie müssen selbst entscheiden, wie nahe Sie dem Gletscher kommen wollen und wie hoch Sie die Gefahr von Geröllstürzen oder Eisabbrüchen einschätzen. Achten Sie vor allem auf die Sicherheit von Kindern! Riskieren Sie lieber weniger und betrachten Sie den Gletscher aus sicherer Entfernung.

Bei der richtigen Sonneneinstrahlung leuchten die Gletscherspalten bläulich und bieten schöne Fotomotive.

Beim Abstieg genießen Sie den Blick über die Weite der Fjälls und die tief unter Ihnen liegende Fjällstation. Achten Sie darauf, die Watstelle vom Hinweg ❹ wiederzufinden, bei der Sie auf die andere Seite des Baches wechseln müssen, der Pfad führt auch geradeaus weiter. Denken Sie daran, dass der Wasserstand der Bäche bei einem Abstieg am Nachmittag zum Teil deutlich höher sein kann als am Vormittag.

Im Kalfjäll (mb)

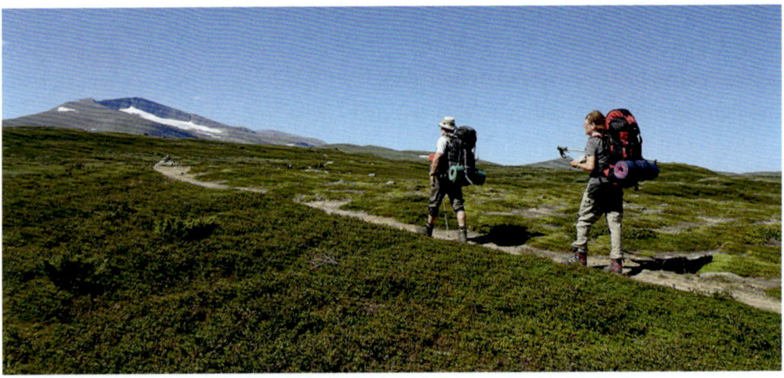

An der Fjällstation können Sie einen kurzen Stopp für eine Tasse Kaffee einlegen, bevor es auf den Rückweg geht. Folgen Sie derselben Route, die Sie auf dem Hinweg genommen haben.

Bei der bereits erwähnten Weggabelung ❷ (km 20,7) zweigt bei einem Wegweiser rechter Hand eine Alternativroute zurück nach Kläppen ab, die länger im Kalfjäll verläuft, aber auch mehr sumpfige Stellen enthält.

Wenn Sie dieselbe Route wie auf dem Hinweg wählen, haben Sie die Möglichkeit, die Tour an der Badestelle am Kesusjön mit einem erfrischenden Bad abzuschließen, bevor Sie die letzten Kilometer zum Parkplatz laufen

Jämtland

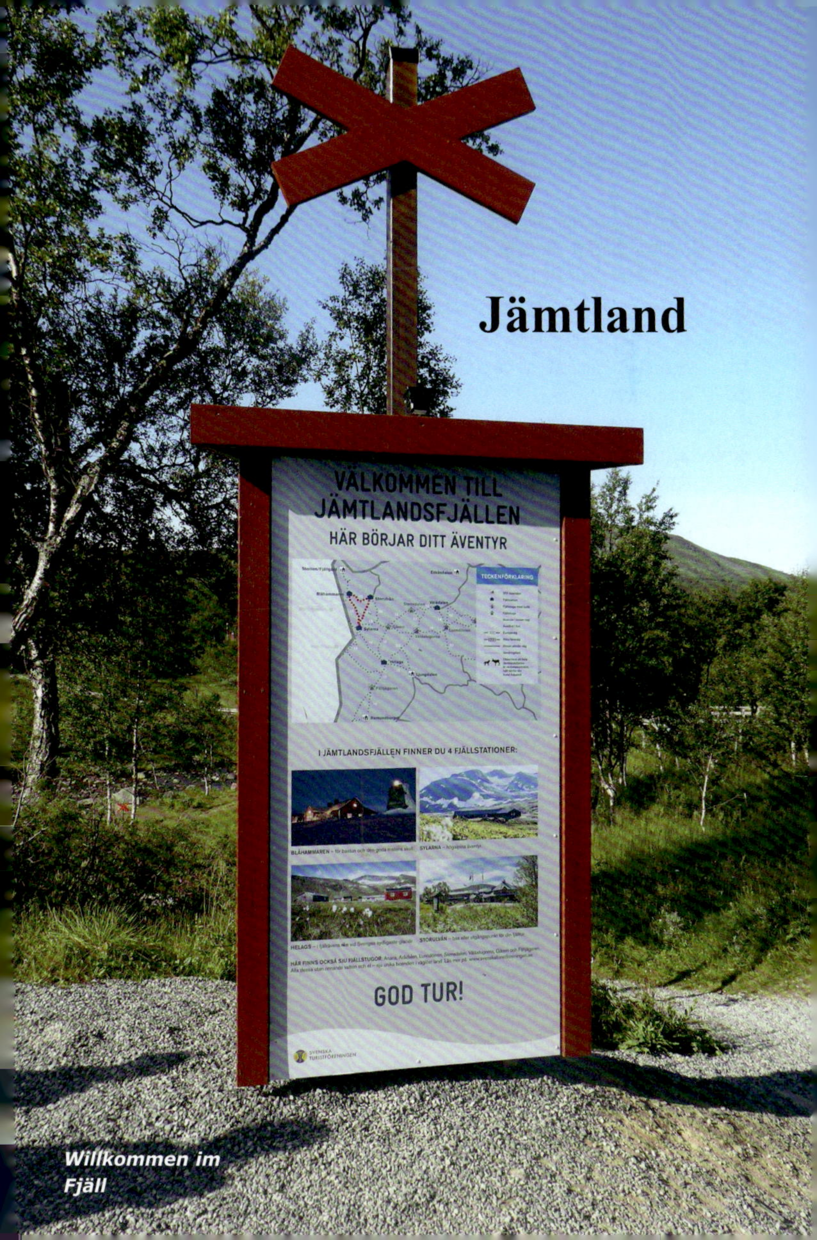

Willkommen im Fjäll

21 Zum Ulvåtjärn

Tour für Naturliebhaber mit Aussicht auf Rentiersichtungen

Die Wanderung bringt Sie hinauf ins Kalfjäll zu einer Schutzhütte am Ulvåtjärn. Auf dem Weg und in der Umgebung der Hütte bestehen gute Aussichten, Rentiere zu treffen. Eine Watstelle kurz vor der Hütte kann bei hohem Wasserstand eine Herausforderung sein.

Start/Ziel: Parkplatz an der Fjällstation Storulvån, GPS N 63°10.227′ E 012°21.763′

12,4 km

3 Std. 30 Min.

320 m/320 m

737-850 m

Wanderpfad, teilweise steinig und mit nassen Stellen

Wegweiser, rote Farbmarkierung

Fjällstation Storulvån (Start/Ziel)

Rastplatz an der Weggabelung (km 1,5), Schutzhütte am Ulvåtjärn (km 6,2)

WC Toiletten am Parkplatz (Start/Ziel) und an der Schutzhütte am Ulvåtjärn (km 6,2)

Nach dem Überschreiten der Baumgrenze haben Kinder viel Freiheit, das Gelände zu erforschen. Gleiches gilt für die Umgebung der Schutzhütte.

Teilweise steinige Passagen, die für kleinere Hunde beschwerlich sind.

P Gebührenpflichtiger Parkplatz vor der Fjällstation Storulvån (SEK 30 pro Tag). Die Anfahrt erfolgt über den Abzweig von der E14 zwischen Åre und Trondheim bei Enafors auf die Straße in Richtung Handöl. Nach ca. 6 km biegen Sie bei dem Wegweiser nach Storulvån rechts ab und folgen der asphaltierten, weitgehend einspurigen Straße mit Ausweichstellen bis zur Fjällstation.

Es gibt einen Shuttlebus von der Fjällstation zu den Bahnstationen Enafors bzw. Duved an der Strecke Östersund – Trondheim. Der Bus ist auf die Fahrzeiten der Züge abgestimmt und fährt zweimal am Vormittag von den Bahnstationen zur Fjällstation und zweimal am Nachmittag zurück. Informationen zum Fahrplan und Preisen erhalten Sie unter www.wansethbuss.se.

Kurz vor der Schutzhütte liegt eine Watstelle, die eventuell tief sein und für Kinder und kleinere Hunde ein Problem darstellen kann.

In der Fjällstation Storulvån oder auf dem dazugehörigen Zeltplatz können Sie vor oder nach Ihrer Wanderung übernachten. Übernachtungen im

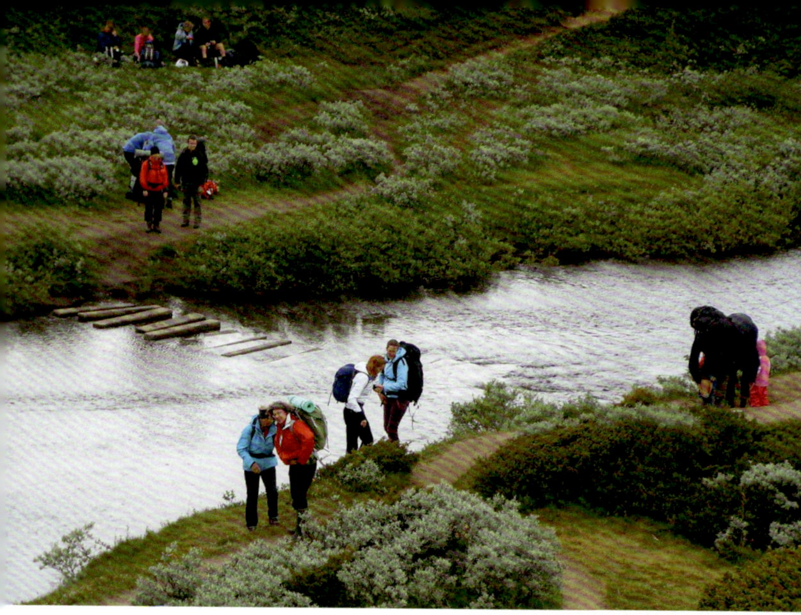

An der Watstelle

Wohnmobil einschließlich der Nutzung der Selbstversorgeranlagen der Station auf dem Parkplatz sind gegen eine Gebühr ebenfalls möglich. Die Station verfügt über ein Restaurant, einen kleinen Laden und Sauna. Außerdem besitzt sie die Ausschankrechte für alkoholische Getränke.

♦ STF Storulvån Fjällstation, 83771 Duved, ☏ +46/(0)64 77 22 00, www.svenskaturistforeningen.se/anlaggningar/stf-storulvan-fjallstation/, storulvan@stfturist.se, 2020: 14.02.-19.04. und 18.06.-27.09., Rezeptionszeiten: 7:30-21:00 während der Saison, Übernachtungspreis: im Zimmer je nach Standard SEK 780-1.435 für Mitglieder im STF (Nichtmitglieder zahlen etwas mehr.)

Die Fjällstation steht an einem Ort, an dem sich in früheren Zeiten die Wohnstätte einer Rentiere züchtenden Samenfamilie mit Kotas und Rengehege befand. 1933 bekam der STF die staatliche Genehmigung, hier eine Fjällstation zu errichten. An die ursprünglichen Bewohner erinnern heute noch Fotos an den Wänden und ein dunkler Kreis auf dem Boden des Erdgeschosses, der die Feuerstätte von damals symbolisiert. Die Vereinbarkeit von Rentierzucht und Tourismus stellt bis heute ein Problem in dieser Region dar.

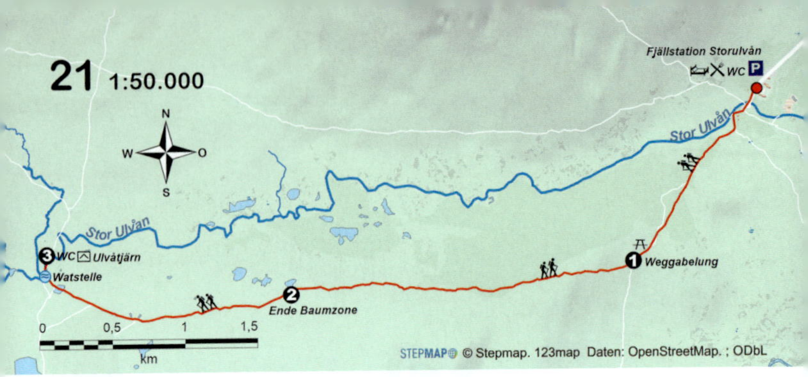

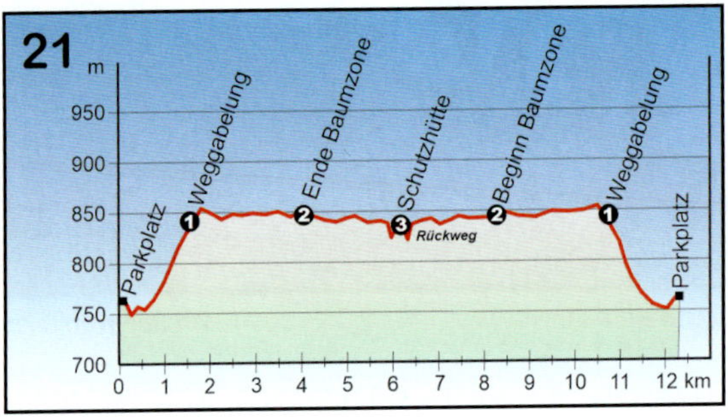

Hinter der Fjällstation beginnt der markierte und beschilderte Wanderweg. Auf einer Hängebrücke überqueren Sie den Stor Ulvån. Der zunächst mit Holzbohlen ausgelegte Weg führt zu einer Aussichtsplattform. Der Wegweiser dahinter weist Sie nach rechts in Richtung Sylarna. Der Weg verwandelt sich bald in einen breit ausgetretenen Wanderpfad, der zunächst steil auf die Höhe führt und schöne Ausblicke über die Fjällstation und die umliegende Gebirgslandschaft bietet.

Auf der Höhe ❶ (km 1,5) finden sich Sitzgelegenheiten für eine Pause. An der Weggabelung folgen Sie dem Wegweiser nach rechts in Richtung Blåhammaren. Steinmännchen ergänzen die roten Farbkleckse als Markierung. Sie laufen auf dem schmaler werdenden, teilweise steinigen und sumpfigen Pfad durch dichten Birkenwald, bis Sie freiere Flächen erreichen. Von rechts nähert sich die Kette der Wegkreuze, die den Winterweg von Storulvån aus markieren.

Von nun an werden Winter- und Sommerweg weitgehend gemeinsam geführt. Der Weg verläuft bald über Kiesrücken, auf denen es sich leichter laufen lässt, und verlässt bei km 4,2 so allmählich die Baumzone ❷. Von hier an können

Kinder größere Freiheiten genießen und in dem übersichtlichen Gelände vorauslaufen oder eigene Wege suchen. Wollgraswiesen säumen die kleinen Teiche am Weg.

Wollgraswiese

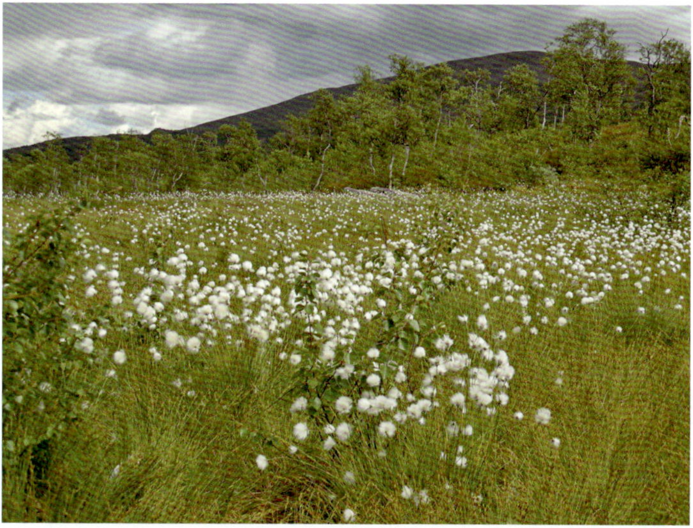

Sie kommen in immer offeneres Gelände, in dem sich mit etwas Glück kleine Rentierherden beobachten lassen. Vor Jahren hat sich sogar einmal ein Braunbär hierher verirrt. Die Sicht reicht nun bis zu den norwegischen Fjälls in der Ferne und dem Sylfjäll, das auf der linken Seite in die Höhe ragt.

An heißen Tagen ziehen die Rentiere oft auf die Höhen. Dann halten sich die Tiere auf Schneefeldern an den Hängen des Getryggen auf der anderen Talseite auf, wo man sie leicht entdecken kann.

Nach ca. 6 km haben Sie die Watstelle am Ulvåtjärn erreicht, an der Sie den Stor Ulvån erneut queren müssen. (Der kleine See Ulvåtjärn liegt ein Stück weiter südlich.) Nach einem kurzen steilen Abstieg von der hoch liegenden Uferkante durchwaten Sie den Bach an einer Stelle, die mit Betonschwellen im Wasser versehen ist, die das Waten erleichtern sollen.

Bei starker Wasserführung ist man dennoch gezwungen, die Wanderschuhe auszuziehen und den breiten Bach in Watschuhen zu queren.

Ein Stück bachabwärts verbreitert sich der Bach und ist dort oft leichter zu queren. Größere Kinder werden ihren Spaß daran haben, die beste Watstelle zu finden.

Die Schutzhütte Ulvåtjärn mit Trockentoilette und Nottelefon ❸ (km 6,2) bietet Ihnen kurz hinter der Watstelle speziell bei schlechtem Wetter einen geschützten Rastplatz.

Genießen Sie den Aufenthalt im Fjäll. Kinder können in der Umgebung der Hütte auf Entdeckungsreise gehen, während Sie picknicken.

Der Rückweg erfolgt auf demselben Weg, auf dem Sie gekommen sind.

Schutzhütte Ulvåtjärn

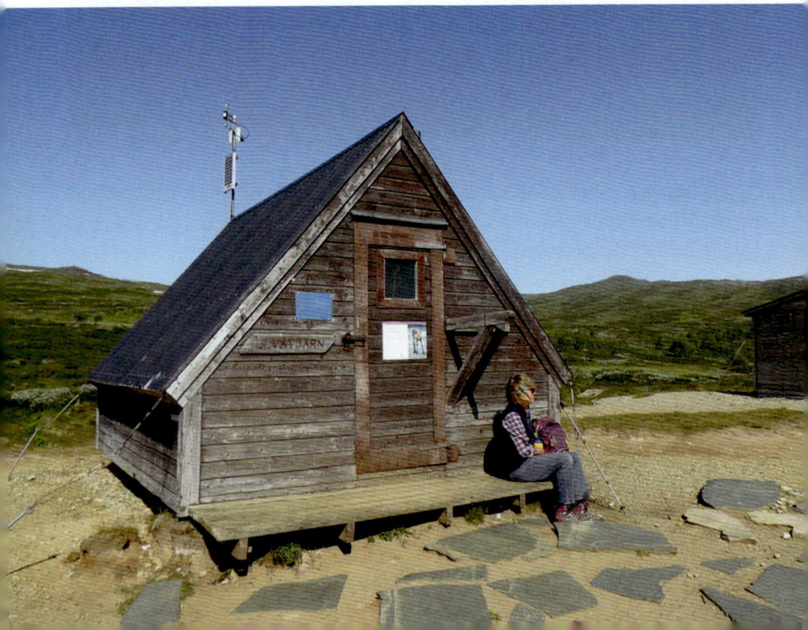

22 Zum Rastplatz am Lill Ulvån

Kleine Fjällwanderung für Familien

Die kleine Tour ist bestens für einen ersten Ausflug ins Fjäll geeignet. Sie steigen durch Birkenwald bis hinauf ins Kalfjäll. Weite Ausblicke auf das Sylarnamassiv in der Ferne geben erste Eindrücke vom Hochgebirge Jämtlands. Eine stark schaukelnde Hängebrücke kurz vor dem Ziel stellt für Wanderer und vor allem für Hunde eine Herausforderung dar.

Start/Ziel: Parkplatz an der Fjällstation Storulvån, GPS N 63° 10.227′ E 012°21.763′

6,2 km

1 Std. 40 Min.

161 m/161 m

722-830 m

Wanderpfad, teilweise steinig, nasse Stellen sind mit Stegen versehen.

Wegweiser, rote Farbmarkierung

Fjällstation Storulvån (Start/Ziel)

schöne Rastmöglichkeit mit Sitzgarnitur und Trockentoilette am Lill Ulvån (km 3,1)

WC Toiletten am Parkplatz (Start/Ziel) und an der Raststelle (km 3,1)

Die Tour ist auch für kleinere Kinder geeignet. Am Ziel haben sie viel Platz zum Erkunden der übersichtlichen Umgebung.

Lassen Sie Kinder nicht alleine auf die Hängebrücke, die seitliche Absicherung besteht nur aus wenigen Drahtseilen.

Die stark schaukelnde Hängebrücke stellt für viele Hunde ein Problem dar. Dazu kommt, dass der Boden der Brücke aus Metallgittern besteht und es nur Drahtseile als seitliche Begrenzung gibt, keins davon in Hundehöhe.

Betreten Sie die Brücke mit Ihrem Hund allein. So können Sie die Schaukelbewegungen besser kontrollieren.

P gebührenpflichtiger Parkplatz vor der Fjällstation Storulvån (SEK 30 pro Tag), Anfahrt ☞ Tour 21

Shuttlebus von der Fjällstation zu den Bahnstationen Enafors bzw. Duved an der Strecke Östersund – Trondheim, ☞ Tour 21

Hinter der Fjällstation Storulvån (Infos ☞ Tour 21) beginnt der markierte und beschilderte Wanderweg. Wie bei Tour 21 überqueren Sie auf einer Hängebrücke den Stor Ulvån und folgen dem Wanderweg bis auf die Höhe.

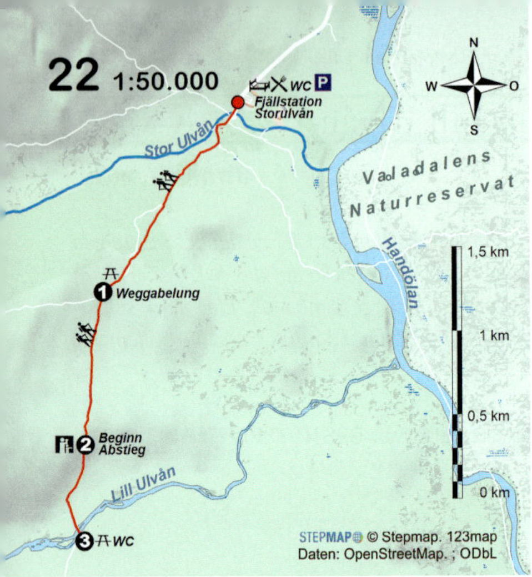

Dort folgen Sie dem Wegweiser in Richtung Sylarna ❶ (km 1,5). Der Pfad verläuft über einen Hügelrücken und ist auf langen Strecken mit Stegen versehen. Auf der linken Seite schauen Sie in das Tal des Handölån, dahinter erstreckt sich das Bunnerfjäll.

Vor Ihnen wird das Sylarnamassiv immer mehr sichtbar, nach insgesamt 2,5 km haben Sie einen herrlichen Blick auf das Hochgebirgsfjäll in der Ferne ❷. Nun beginnt der Abstieg hinunter in das Tal des Lill Ulvån. Die große Hängebrücke und der Rastplatz tauchen auf.

Die Überquerung der an Ketten aufgehängten Brücke kann für Personen mit Höhenangst problematisch sein, denn sie ist seitlich nur mit wenigen Draht-

Vor der Brücke

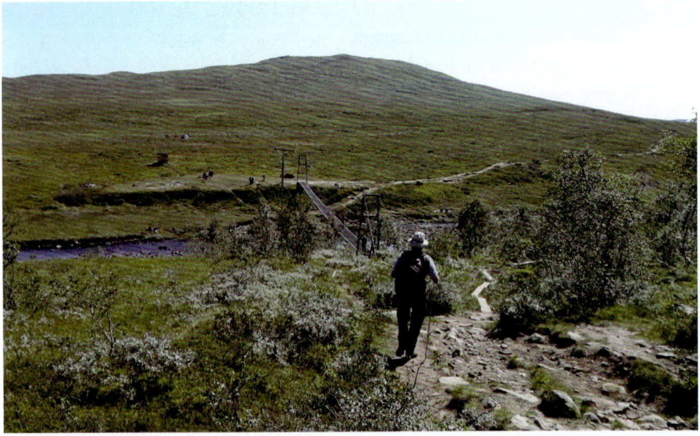

seilen gesichert. Für kleine Kinder und auch Hunde ist das gefährlich. Beim Betreten der Brücke beginnt diese zu schaukeln. Befinden sich mehrere Personen gleichzeitig auf der Brücke, können sich die Bewegungen stark aufschaukeln. Überqueren Sie die Brücke deshalb am besten einzeln.

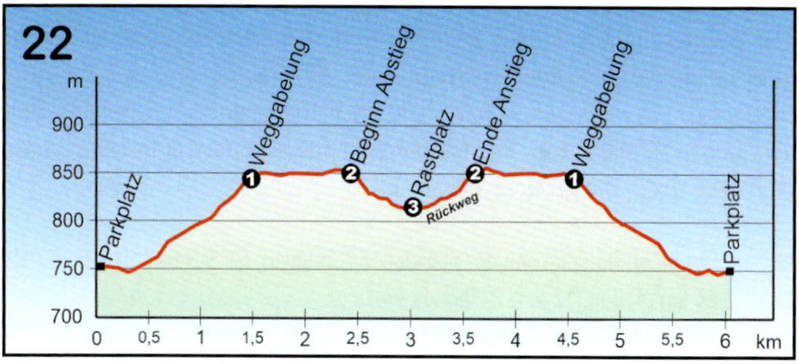

Auf der anderen Seite des Lill Ulvån findet sich auf einer ebenen Fläche ein Rastplatz mit Sitzgarnitur und Trockentoilette ❸ (km 3,1). Bei gutem Wetter lässt es sich hier mit Blick auf die umliegenden Fjälls herrlich picknicken. Die freie Lage am Fluss hält meist auch die lästigen Mücken fern. Je nach Wasserstand und Wetter bietet der Lill Ulvån Möglichkeiten zum Baden.

Der Rückweg erfolgt auf demselben Weg, auf dem Sie gekommen sind.

☺ In Handöl, einem kleinen Ort, zu dem Sie gelangen, wenn Sie bei der Anfahrt an der Abzweigung von der E14 bei Enafors weiter geradeaus fahren und nicht nach Storulvån abbiegen, findet sich das Café Hanriis, das von Anfang Mai bis Ende September geöffnet ist. Frisch gebackene Zimtschnecken (*kanelbullar*) und leckere Waffeln (*frasvåfflor*) zählen zu den Spezialitäten.

An das Café angeschlossen ist ein kleines Museum über den Todesmarsch der Karoliner 1719, einer schwedischen Militäreinheit, die von einem Feldzug in Norwegen kam und in den Schneestürmen des kalten Winters auf ihrem Weg über die Fjälls ca. 3.000 Tote zu beklagen hatte.

Außerdem werden Specksteinprodukte (*täljsten*) aus dem in der Umgebung vorkommenden Mineral zum Verkauf angeboten. Im Sommer findet sich auch ein Flohmarkt (*loppis*) im Haus.

Folgen Sie dem ausgeschilderten Wanderweg hinter dem Café, gelangen Sie zu Schwedens längsten Stromschnellen, den **Handölsforsarna**.

23 Dinner im Fjäll – Wanderung zur Fjällstation Blåhammaren

Zweitägige Gourmettour mit Übernachtung

Die Wanderung hinauf ins Kalfjäll mit weiten Ausblicken über das Sylarnamassiv führt zur höchstgelegenen Fjällstation des STF, die für ihr festliches Abendessen bekannt ist. Es empfiehlt sich deshalb, die Wanderung als Zweitagestour zu planen, damit Sie nicht vor dem Abendessen schon wieder aufbrechen müssen. Auf dem Weg liegt eine größere Watstelle.

Start/Ziel: Parkplatz an der Fjällstation Storulvån, GPS N 63° 10.227′ E 012°21.763′

24 km (1. Tag: 12 km, 2. Tag: 12 km)

ca. 6 Std. 30 Min. (1.Tag: 3 Std. 30 Min., 2. Tag: 3 Std.)

↑ ↓ 524 m/524 m (1.Tag: 430 m/94 m, 2. Tag: 94 m/430 m)

747-1.083 m

Wanderpfad, teilweise steinig und mit nassen Stellen

Wegweiser, rote Farbmarkierung

Fjällstation Storulvån (Start/Ziel) und Fjällstation Blåhammaren (km 12)

Schutzhütte Ulvåtjärn (km 6,2). Sie finden außerdem zum Rasten geeignete Stellen in der Natur, z. B. auf schönen Rasenflächen neben dem Bach.

WC Trockentoilette an der Schutzhütte Ulvåtjärn (km 6,2)

Die Tour ist auch für Familien mit älteren Kindern geeignet. Nach dem Verlassen der Baumgrenze haben Kinder viel Freiheit, das Gelände zu erforschen. Ein Bergbach verlockt bei guten Wetterverhältnissen zu Spielen im und am Wasser. Die Watstelle vor der Schutzhütte kann möglicherweise ein Problem sein.

Kurz vor der Rasthütte liegt eine Watstelle, die eventuell tief sein und für kleinere Hunde ein Problem darstellen kann.

P gebührenpflichtiger Parkplatz vor der Fjällstation Storulvån (SEK 30 pro Tag), Anfahrt ☞ Tour 21

Shuttlebus von der Fjällstation Storulvån zu den Bahnstationen Enafors bzw. Duved an der Strecke Östersund – Trondheim, ☞ Tour 21

Es gibt eine tiefere Watstelle bei der Raststelle Ulvåtjärn.

Für den Rückweg können Sie eine Wegalternative wählen.

Blåhammaren kann auch über einen Wanderweg erreicht werden, der am Parkplatz Rundhögen an der E14 beginnt.

1. Tag

Sie folgen zunächst dem bei ☞ Tour 21 beschriebenen Wanderweg bis zur Watstelle über den Stor Ulvån (km 6).

Die Schutzhütte mit Trockentoilette und Nottelefon ❸ bietet Ihnen speziell bei schlechtem Wetter einen geschützten Rastplatz.

Von dort steigt der Pfad kontinuierlich an und folgt dabei teilweise einem Bergbach. Hier finden Sie ebenfalls herrliche Rastplätze. Kinder werden bei gutem Wetter ihre Freude daran haben, am Wasser zu spielen.

Die Baumgrenze wird nun endgültig überschritten. Von nun an laufen Sie im Kalfjäll, das Ihnen weite Ausblicke in die Gebirgslandschaft des Sylarnamassivs bietet. Nach insgesamt 8,4 km erreichen Sie die Abzweigung der Alternativroute ❹, die Sie auf dem Rückweg wählen können.

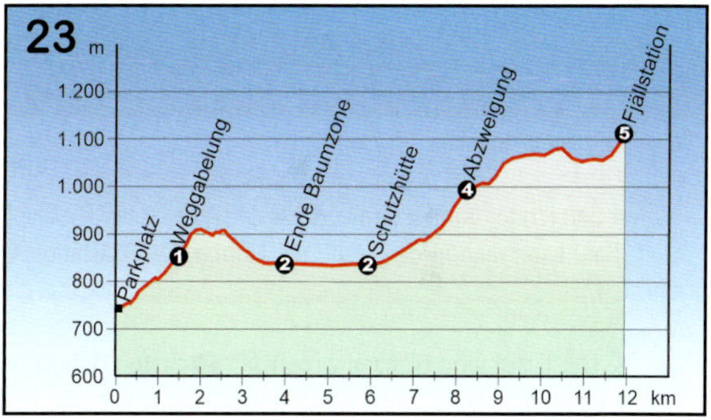

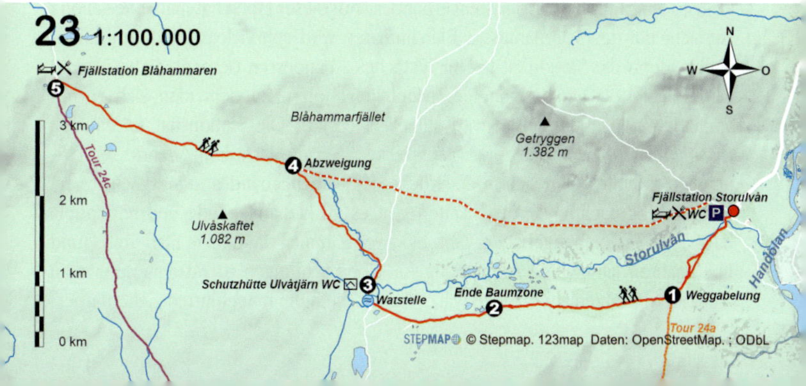

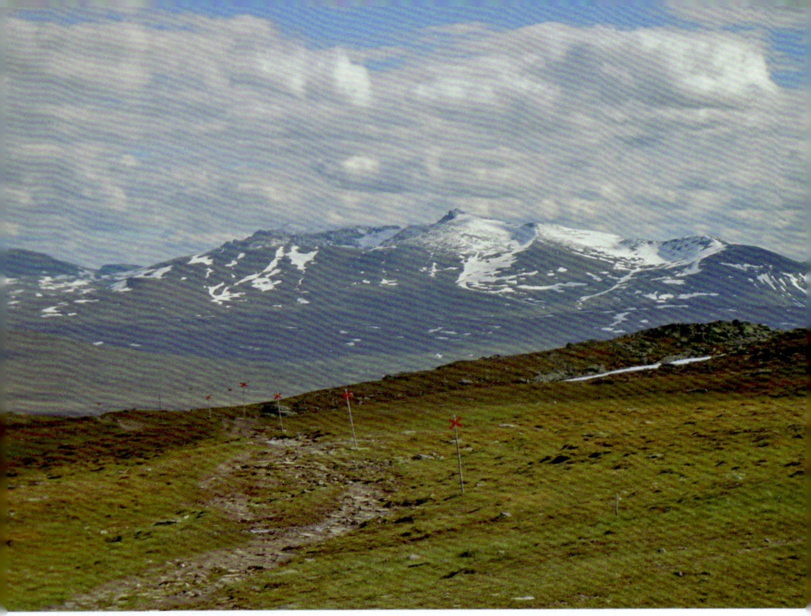

Der Weg nach Sylarna

Auf den letzten Kilometern verläuft der Pfad relativ flach auf einem Höhenrücken. Bald kann man in der Ferne die Hütten der Fjällstation ❺ (km 12) erkennen.

Die Fjällstation Blåhammaren (☞ Seite 10) liegt auf 1.086 m Höhe und ist damit die am höchsten gelegene Fjällstation des STF. Außerdem ist sie die kleinste Fjällstation des Touristenverbandes. Auf dieser Höhe hat man eine schöne Aussicht auf das Sylarnamassiv. Blåhammaren wird von vielen Wanderern angelaufen, denn die Station ist für ihr festliches Abendessen bekannt. Jeden Abend wird um 18:00 ein dreigängiges Menü angeboten, zu dem man sich vorher anmelden sollte. Das Essen wird stilvoll zelebriert. Die Station hat *fullständiga rättigheter*, das Recht auf Alkoholausschank. Wer nicht an dem Abendessen teilnehmen möchte, kann sich in der Küche des Nebengebäudes (*annex*) selbst versorgen. Übernachtungsmöglichkeiten gibt es im Nebengebäude und im Haupthaus. Im Nebengebäude gibt es zwei Zimmer, in denen man mit Hund übernachten kann. Eine Anmeldung für Übernachtungen ist ratsam, wenn man nicht im Matratzenlager landen will. Möglichkeiten, im mitgeführten Zelt zu übernachten, gibt es in der Nähe genügend. Gegen eine Zeltgebühr kann man die Selbstversorgereinrichtungen der Station mitbenutzen. In einem kleinen Geschäft (*butik*) kann man Proviant kaufen. Morgens wird ein reichhaltiges Frühstücksbuffet angeboten.

♦ STF Blåhammaren Fjällstation, 83771 Duved, ☏ +46/(0)1 01 90 24 11, www.svenskaturistforeningen.se/boende/stf-blahammaren-fjallstation/, blahammaren@stfturist.se, Ende Juni bis Ende Sep, Übernachtungspreise: im Zimmer je nach Standard SEK 475-1.550, Zeltgebühr SEK 115-215, Middag SEK 495, Frühstück SEK 100. Alle Preise sind die Preise für Mitglieder im STF, Nichtmitglieder zahlen etwas mehr.

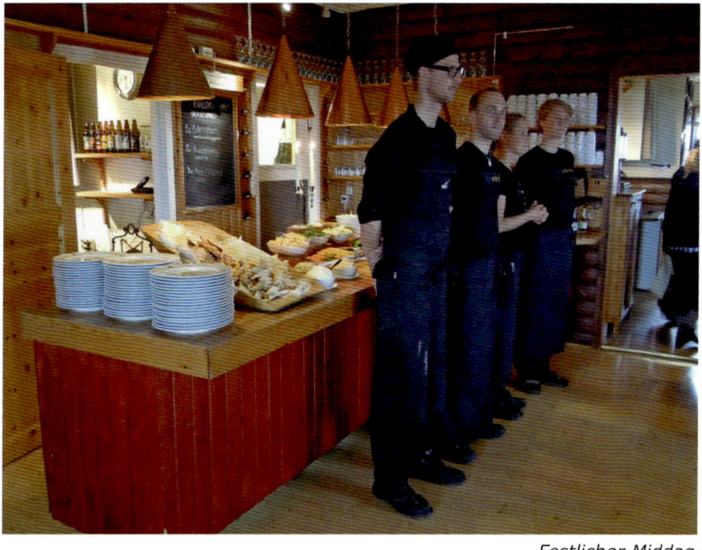

Festlicher Middag

Um 18:00 beginnt das Abendessen. Alle Gäste versammeln sich im Raum vor der Rezeption und werden dann einzeln aufgerufen und Tischgruppen zugeordnet. Nach welchen Kriterien dies geschieht, ist nach der gegenseitigen Vorstellung meist das erste Gesprächsthema an den Tischen. Die Küchenmannschaft stellt sich vor und beschreibt die Gerichte des Menüs und den Ablauf des Essens. Danach werden die Tischgruppen der Reihe nach zu den Tischen mit den angerichteten Speisen der verschiedenen Gänge gebeten, um sich dort bedienen zu können. Getränke werden serviert. Das Abendessen zieht sich auf die Weise oft bis zu zwei Stunden hin, ist aber durch die Konversation der zusammengewürfelten Tischgemeinschaften oft sehr unterhaltsam. Die Küche hat einen hohen Qualitätsstandard. Eine große Auswahl an Digestifs und weiteren Spirituosen schließt den Abend ab. Für viele Gäste ist dieses Abendessen der Höhepunkt ihrer Wanderung der „Triangel" (☞ Tour 24).

☺ Wenn Sie den nahe gelegenen Blåhammarkläppen besteigen, werden Sie auf 1.163 m Höhe mit einer fantastischen Rundumsicht auf Sylarna, die schwedischen Fjälls im Osten, die norwegischen Fjälls im Westen und die weiten Berggebiete im Norden belohnt.

Fjällflora (mb)

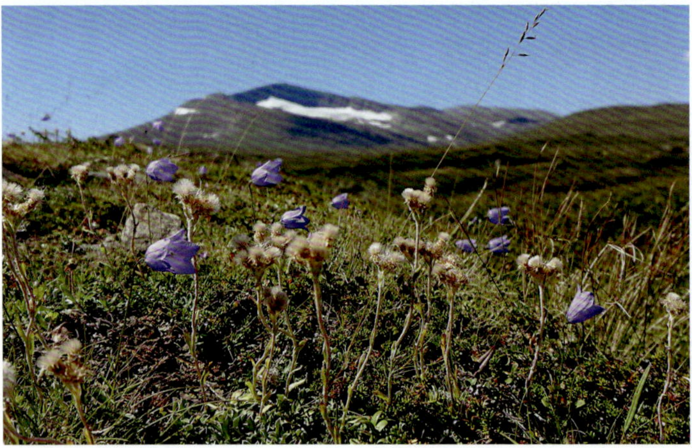

2. Tag

Am zweiten Tag erfolgt nach einem reichhaltigen Frühstück der Rückweg auf derselben Route wie der Hinweg.

↳ Nach 3,6 km zweigt bei einem Wegweiser linker Hand eine alternative Route zurück nach Storulvån ab ❹. Der Pfad ist jedoch nicht markiert, wenig begangen und führt vielfach durch sumpfiges Gelände.

24 Jämtlands Triangel

Dreitägige Genusstour mit Übernachtungen für Naturliebhaber

Die gut 45 km lange Rundwanderung führt Sie in drei Tagen über zwei gut ausgebaute Fjällstationen durch die Gebirgswelt Jämtlands. Sie wandern weitgehend im Kalfjäll durch eine ursprüngliche Gebirgslandschaft. Kleine Rasthütten ermöglichen Ihnen auch bei schlechterem Wetter eine trockene Pause. Das Sylarnamassiv bietet Ihnen auf weiten Teilen des Weges ein fantastisches Gebirgspanorama.

Start/Ziel: Parkplatz an der Fjällstation Storulvån, GPS N 63°10.227′ E 012°21.763′

47 km (1. Tag: 16 km, 2. Tag: 19 km, 3. Tag: 12 km)

ca. 13 Std. (1. Tag: 4 Std. 30 Min., 2. Tag: 5 Std. 30 Min., 3. Tag: 3 Std.)

954 m/954 m (1. Tag: 440 m/110 m, 2. Tag: 420 m/400 m, 3.Tag: 94 m/430 m)

746-1.086 m

Wanderpfad, teilweise steinig und mit nassen Stellen

Wegweiser, rote Farbmarkierungen

Fjällstation Storulvån (Start/Ziel), Fjällstation Sylarna (km 16), Fjällstation Blåhammaren (km 35)

Rastplatz am Lill Ulvån (km 3,1), Schutzhütten Spåime (km 8), Enkälen (km 26) und Ulvåtjärn (km 40,5)

WC Trockentoiletten am Rastplatz und an den Schutzhütten

Die Tour ist auch für Familien mit älteren Kindern geeignet. Nach dem Überschreiten der Baumgrenze haben Kinder viel Freiheit, das Gelände zu erforschen. Bergbäche verlocken bei guten Wetterverhältnissen zu Spielen im und am Wasser.

Die lange Strecke und steile, steinige Passagen machen die Tour für Hunde beschwerlich. Auch kann die Überquerung einer schaukelnden Hängebrücke mit Stahlgitterboden zum Problem werden.

P gebührenpflichtiger Parkplatz vor der Fjällstation Storulvån (SEK 30 pro Tag), Anfahrt ☞ Tour 21

Shuttlebus von der Fjällstation Storulvån zu den Bahnstationen Enafors bzw. Duved an der Strecke Östersund – Trondheim, ☞ Tour 21

Nahe der Schutzhütte Ulvåtjärn liegt eine Watstelle, die eventuell tief sein und für Kinder und kleinere Hunde ein Problem darstellen kann.

Jämtlands Triangel ist ein Klassiker unter den schwedischen Wanderwegen und wird besonders in den Sommermonaten stark frequentiert. Die Route ist sehr beliebt bei den Schweden, weil sich der Ausgangspunkt auch gut mit öffentlichen Verkehrsmitteln erreichen lässt, die benötigte Zeit von drei Tagen optimal ist, und die Fjällstationen, die man dabei besucht, hervorragend ausgebaut sind. Der besondere Höhepunkt der Tour ist das festliche Dinner auf Blåhammaren.

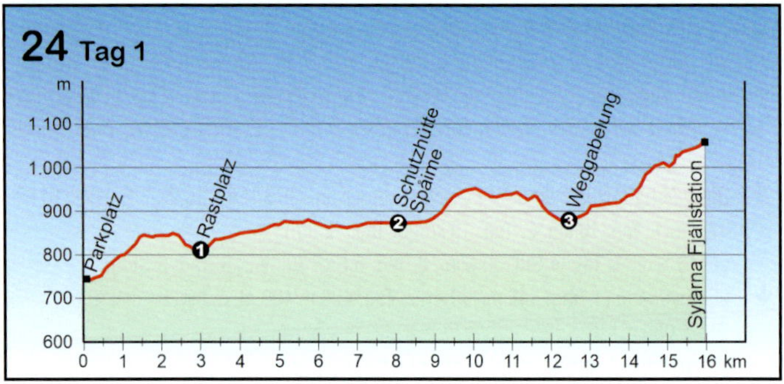

1. Tag

Hinter der Fjällstation Storulvån (Infos ☞ Tour 21) beginnt der markierte und beschilderte Wanderweg. Sie folgen zunächst dem bei ☞ Tour 22 beschriebenen Weg bis zu der Raststelle hinter der Brücke.

Auf der anderen Seite des Lill Ulvån findet sich auf einer ebenen Fläche ein Rastplatz mit Sitzgarnitur und Trockentoilette ❶ (km 3,1). Bei gutem Wetter lässt es sich hier mit Blick auf die umliegenden Fjälls herrlich picknicken. Die freie Lage am Fluss hält meist auch die lästigen Mücken fern. Je nach Wasserstand und Wetter bietet der Lill Ulvån Möglichkeiten zum Baden.

Ab jetzt wandern Sie im Kalfjäll. Der Wanderpfad verläuft nun leicht ansteigend am Hang des Lill Ulvåfjället und ermöglicht schöne Ausblicke ins Gebirge. Linker Hand zieht sich ein langer Renzaun am Hang herab, der zu einem großen *rengärde*, einem Gehege, gehört, das zu bestimmten Zeiten für das Zusammentreiben der Tiere genutzt wird. Hinter der Höhe, die der Pfad überwindet, sehen Sie in der Senke unter sich eine Vielzahl von kleinen Teichen.

Hinter den Teichen liegt die Schutzhütte Spåime ❷ (km 8), in deren Nähe sich auch Trockentoiletten befinden. Bei schlechtem Wetter kann es hier eng werden, besonders wenn Sie zur Stoßzeit am Vormittag losgelaufen sind, denn in die Hütte passen nicht viele Personen.

☺ Bei gutem Wetter können Sie einfach ein Stück weiterlaufen. An dem Bach auf der linken Seite des Weges finden sich herrliche Rastplätze.

Die Hälfte des Weges liegt nun hinter Ihnen. Der weitere Weg führt zwischen den westlichen und östlichen Endalshöjden hinunter zum Zufluss des Långtjärn, den Sie über eine kleine Brücke bei einer Weggabelung ❸ queren (km 12,5). Von nun an steigt der Weg wieder an.

⌂ Über steinige Passagen geht es hinauf zur Schutzhütte Gamla Sylen (mit Trockentoilette und Nottelefon), die Sie bei km 14,3 erreichen.

Hier können Sie noch eine letzte Rast machen, bevor der finale Anstieg zur Fjällstation Sylarna

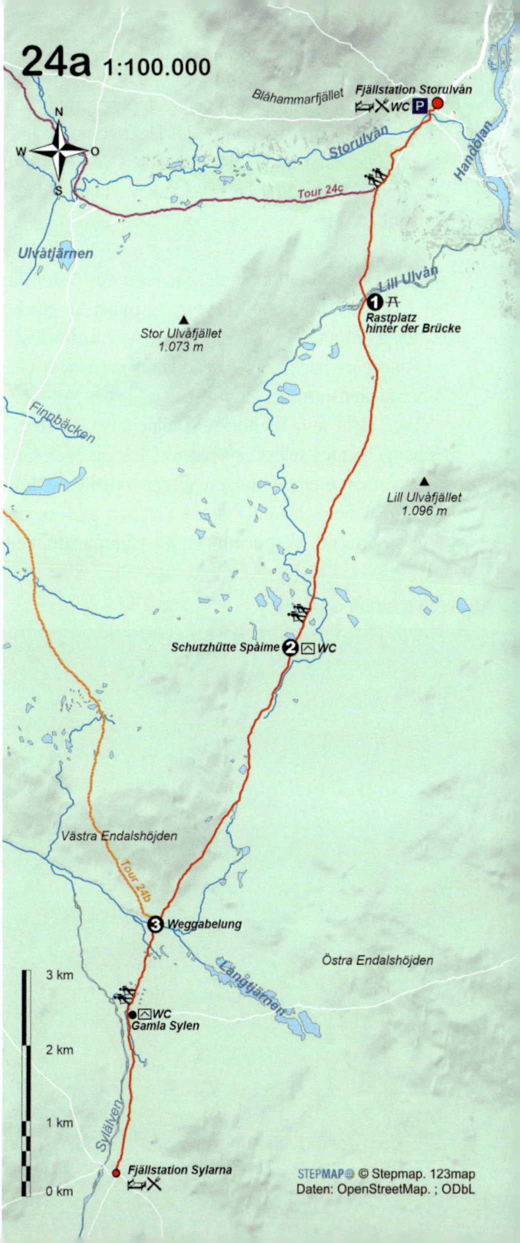

beginnt, die Sie am Fruntimmersklumpen vorbei nach insgesamt 16 km erreichen. Jetzt befinden Sie sich mitten im Hochgebirge. Vor Ihnen ragt der Storsylen mit seinem Gletscher in die Höhe, flankiert von Slottet und Templet, ein Anblick wie aus den Alpen. Sylarna wird auch „Jämtlands einziges alpines Fjällmassiv" genannt.

Die Fjällstation, in der Sie nach der ersten Tagesetappe übernachten, liegt auf 1.035 m Höhe und ist Ausgangspunkt für etliche Gebirgstouren. Sie hat *fullständiga rättigheter*, d. h. das Recht auf Alkoholausschank. Genießen Sie das alpine Panorama nach dem Abendessen mit einem Gläschen Wein vor den großen Panoramafenstern des Speisesaals.

Wer nicht am Abendessen teilnehmen möchte, kann sich in der Küche des Nebengebäudes selbst versorgen. Dies gilt auch für Zelter, die gegen Gebühr die Selbstversorgereinrichtungen nutzen möchten. Diese sind jedoch nicht sehr groß. Im Nebengebäude (*annex*) Kläppen gibt es drei Zimmer, in denen Hunde zugelassen sind. Vorbuchungen für Übernachtungen sind ratsam.

Fjällstation Sylarna

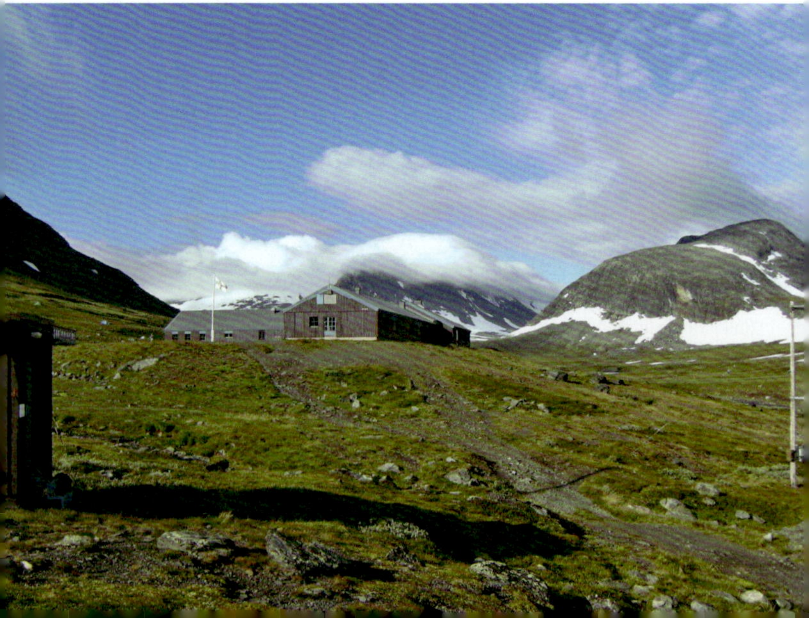

Ein kleines Geschäft (*butik*) bietet Proviant und Sportartikel an. Eine Sauna ist ebenfalls vorhanden.

♦ STF Sylarna Fjällstation, 83771 Duved, ☏ +46/(0)1 01 90 24 20, www.svenskaturistforeningen.se/anlaggningar/stf-sylarna-fjallstation/, sylarna@stfturist.se, Ende Juni bis Ende Sep, Übernachtungspreise: im Zimmer je nach Standard SEK 350-820, Zeltgebühr SEK 115-215. Alle Preise sind die Preise für Mitglieder im STF, Nichtmitglieder zahlen etwas mehr. Middag SEK 325-375, Frühstück SK 100-110. Für SK 90-100 kann ein Lunchpaket bestellt werden.

Die Torfkota am Hang des Herrklumpen oberhalb der Station ist ein tolles Fotomotiv.

Typische Kota

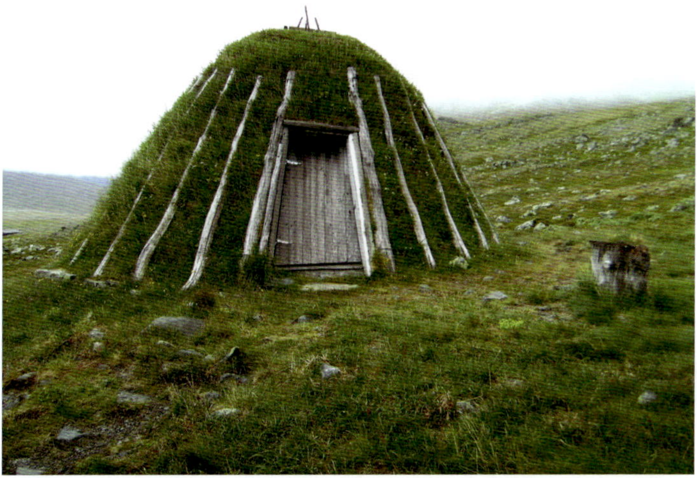

Wer die Fjällstation im Winter besucht, wird feststellen, dass der Haupteingang durch eine riesige Schneewehe unzugänglich ist und die Station durch den Nebeneingang betreten werden muss. Diese Verwehung tritt durch die hier herrschenden Windverhältnisse in jedem Jahr auf. Beim Bau der Station hatten die Ortsansässigen auf das Problem hingewiesen, waren jedoch von den Ingenieuren beruhigt worden: Man habe das alles im Windkanal getestet.

☺ Wenn Sie Ihre Wanderung um einen Tag verlängern wollen, ist der Aufstieg auf den 1.761 m hohen Storsylen empfehlenswert. Die unmarkierte Route verlangt allerdings Trittsicherheit und eine gewisse Schwindelfreiheit, da stellenweise Blockhalden durchstiegen werden müssen. Der Aufstieg wird auch als geführte Tour angeboten.

Der höchste Gipfel, der Storsylen, liegt 65 m weit auf norwegischem Gebiet. Im Kletterclub von Östersund erzählt man sich die folgende Anekdote: Als bei der Unionsauflösung zwischen Schweden und Norwegen 1905 durch die Grenzziehung der Storsylen auf der norwegischen Seite landete, habe sich ein jämtländischer Lokalpatriot so geärgert, dass er den am höchsten liegenden Stein des Gipfels auf die schwedische Seite entführt habe. Später hätten ihn aber Gewissensbisse dazu veranlasst, das Beutegut wieder zurückzugeben. Bei der Einweihung der neuen Sylstation 1933 habe er den Stein feierlich einem norwegischen Repräsentanten überreicht, der sichtlich überrascht gewesen sei.

Auch eine Gletschertour ist möglich. Der Sylglaciär zerbricht jedoch aufgrund der Klimaerwärmung zurzeit in mehrere Teile.

2. Tag

Am zweiten Tag liegt die längste Tagesetappe vor Ihnen. 19 km sind es bis zur Fjällstation Blåhammaren, die zum Teil kräftige Anstiege beinhalten. Zunächst geht es aber abwärts, bis Sie erneut die Wegkreuzung an der kleinen Brücke errei-

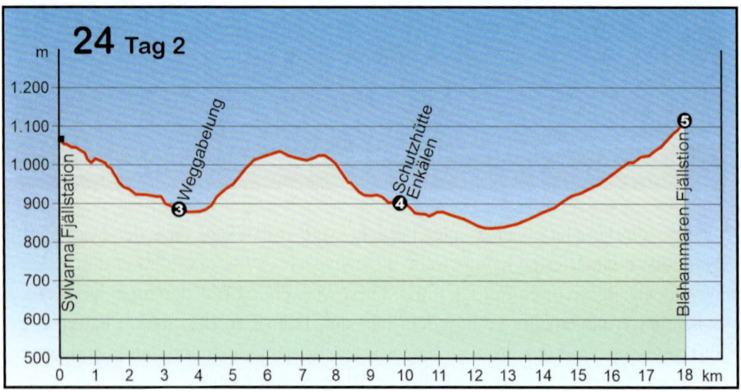

chen ❸ (km 13,5). Dort biegen Sie nach links in Richtung Blåhammaren ab. Der Pfad steigt nun an den westlichen Endalshöjden bis auf knapp über 1.000 m Höhe auf. Im Rückblick haben Sie immer wieder das gewaltige Sylarnamassiv vor Augen. Sie wandern durch eine ursprüngliche Fjälllandschaft, die Ihnen weite Ausblicke gewährt und ein Gefühl von Freiheit vermittelt, das Sie bei Wanderungen in waldreichen Gebieten so nicht zu spüren bekommen.

⌂ Der Weg senkt sich nun, bis Sie in einer Senke die Rasthütte Enkälen (mit Trockentoilette und Hilfstelefon) erreichen ❹ (km 26). Zeit für eine ausgiebige Mittagsrast mitten in der Wildnis.

Im weiteren Verlauf überquert der Wanderweg eine kleine Höhe, um nach der dahinterliegenden Senke wieder stetig zu steigen.

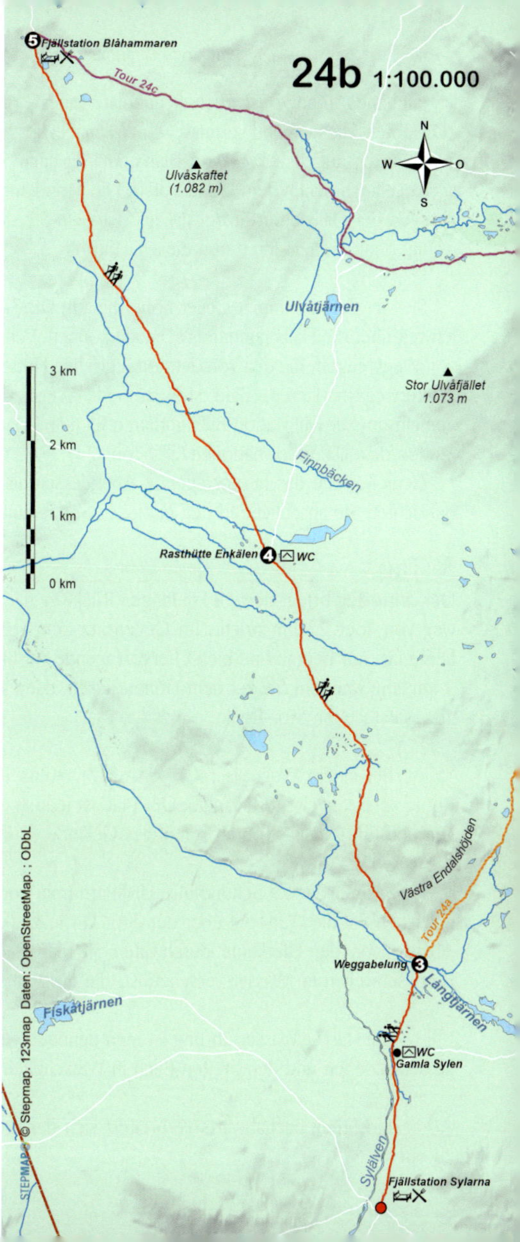

Jämtlands Triangel ist auch Schauplatz eines Kriminalromans. In dem Buch „Die Toten, die niemand vermisst" von Michael Hjorth und Hans Rosenfeld finden zwei Frauen auf dem Weg von Blåhammaren nach Sylarna ein Massengrab mit sechs Leichen neben dem Wanderpfad. Die Mordkommission leitet die Ermittlungen von der Fjällstation Storulvån aus. Gruseln Sie sich beim Weiterwandern ein wenig, denn Sie passieren nun diesen „Tatort".

Sie steigen bald immer steiler höher hinauf. Die Sicht wird weiter, bis Sie meilenweit über die Fjälls Jämtlands schauen können. Von links nähert sich eine Reihe von Wegkreuzen, die den von der norwegischen Hütte Storerikvollen kommenden Winterweg markieren. Bald stoßen beide Wege zusammen und führen nun gemeinsam zur Fjällstation Blåhammaren ❺ (km 35), der am höchsten gelegenen Station des STF (Informationen ☞ Tour 23).

Genießen Sie das hervorragende Abendessen als Höhepunkt des Tages und betrachten Sie anschließend den endlosen Sonnenuntergang in den Bergen.

3. Tag

Der dritte Tag bringt den 12 km langen Rückweg nach Storulvån, der dem Rückweg von Tour 23 entspricht. Im Gegensatz zum vorherigen Tag führt der Weg heute fast nur bergab und bietet hervorragende Ausblicke auf die Fjälls im Osten. 3 km lang wandern Sie auf dem Höhenrücken, dann senkt sich der Weg hinunter zur Watstelle am Stor Ulvån.

↳ Bei einem Wegweiser ❻ (km 38,7) zweigt linker Hand eine alternative Route zurück nach Storulvån ab. Der Pfad ist jedoch nicht markiert, wenig begangen und führt vielfach durch sumpfiges Gelände.

Kurz hinter der ⌂ Schutzhütte Ulvåtjärn (mit Trockentoilette und Nottelefon) erreichen Sie die Watstelle über den Stor Ulvån ❼ (km 41). Nach einem kurzen Abstieg von der Uferkante durchwaten Sie den Bach an einer Stelle, die mit Betonschwellen im Wasser versehen ist, die das Waten erleichtern sollen.

✋ Bei starker Wasserführung ist man dennoch gezwungen, die Wanderschuhe auszuziehen und den breiten Bach in Watschuhen zu queren.

☺ Ein Stück bachabwärts verbreitert sich der Bach und ist dort oft leichter zu queren.

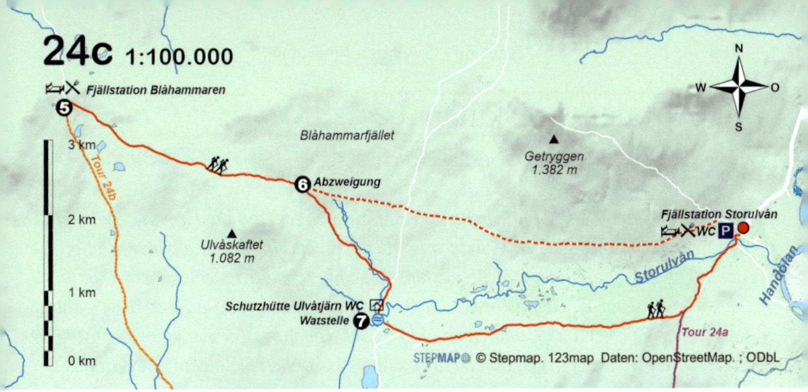

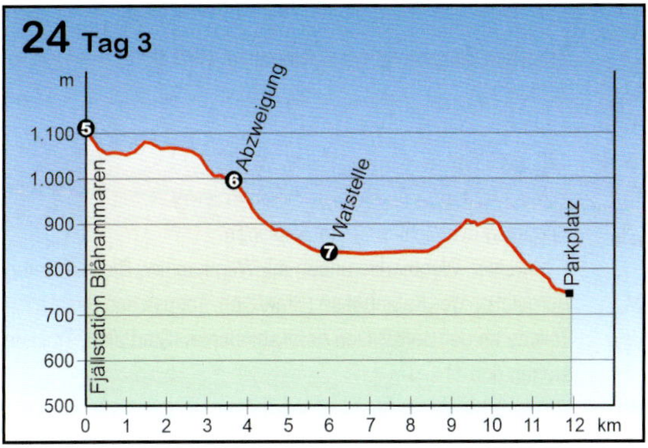

Nachdem Sie die gegenüberliegende Uferkante erklommen haben, wandern Sie über Kiesrücken weiter in Richtung Storulvån. Dahinter taucht der Weg in den Birkenwald ein, wird steinig und hat streckenweise sumpfige Partien. Schließlich erreichen Sie die Wegkreuzung oberhalb der Fjällstation Storulvån (km 45,5), an der Sie zwei Tage vorher nach Sylarna abgebogen sind. Hier schließt sich der Kreis. Unterhalb sehen Sie bereits die Gebäude der Station. Über den breit ausgetretenen Weg steigen Sie die letzten 1,5 km bis zu Ihrem Ziel hinab.

25 Auf den Åreskutan

Tour für Gipfelstürmer mit leichten Kletterpassagen

Nachdem Sie mit der Gondelbahn von Åre aus bequem auf die Höhe gekommen sind, führt Sie diese kurze Wanderung über felsigen Grund mit leichten Kletterpassagen auf den Gipfel des Åreskutan zu Schwedens höchstgelegenem Café in der Toppstugan. Ein fantastisches 360°-Panorama erwartet Sie. Der Blick geht weit über Fjälls, Wälder und Seen. Sogar der Tännforsen, einer der schönsten Wasserfälle Schwedens, ist zu erkennen. Abwärts können Sie einem etwas bequemeren markierten Bergsteig folgen.

- Start/Ziel: Bergstation der Kabinbanan, GPS N 63°25.645′ E 013°04.775′
- 2,2 km
- 1 Std.
- ↑ ↓ 153 m/153 m
- ⇧ 1.268-1.420 m
- Bergsteig mit leichten Kletterpassagen
- Wegweiser, Wegmarkierungen mit Wegnummer, Pfeilmarkierungen
- Bergstation der Kabinbanan (Start/Ziel), Toppstugan (km 1)
- WC Toilette an der Bergstation der Kabinbanan (Start/Ziel), Trockentoilette bei der Toppstugan (km 1)
- Größere Kinder werden viel Vergnügen an der Kletterei über die Felsen beim Aufstieg haben. Für kleinere Kinder kann es mühsam sein.
- Der Weg über die Felsen kann speziell für kleinere Hunde beschwerlich sein.
- P Gebührenpflichtiger Parkplatz an der Talstation der Kabinbanan in Åre (Kabinbanevägen, direkt an der E14). Die Anfahrt nach Åre erfolgt über die E14.
- Der Bahnhof in Åre (ca. 500 m von der Talstation entfernt) liegt an der Strecke Sundsvall–Trondheim. Fahrpläne und Preise finden Sie unter www.norrtag.se.
- Åre hat einen Busbahnhof (ca. 500 m von der Talstation entfernt), von dem aus mehrere Busverbindungen abgehen. Fahrpläne und Preise finden Sie unter ltr.se.
- ☺ In der Hauptsaison empfiehlt es sich, diese Tour möglichst früh zu machen, wenn Sie nicht in einer Karawane über die Felsen laufen wollen. Außerdem ist die Toppstugan sonst schnell voll besetzt.
- Wegen der Kürze der Tour sind hier keine Wegpunkte (❶, ❷ etc.) angegeben.

Die Kabinbanan stellt eine bequeme Aufstiegshilfe dar und bringt Sie in 7 Minuten 860 m höher auf den Åreskutan.

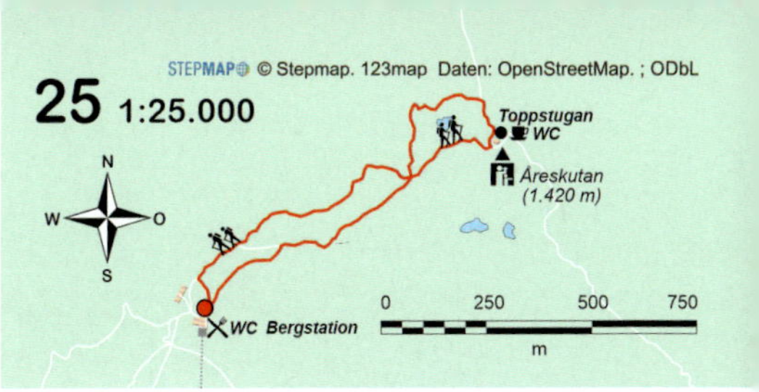

☏ +46/(0)7 71 84 00 00, Ende Juni bis Ende Aug täglich 10:00-16:00, danach bis Anfang Okt Do-So 10:00-16:00

Direkt hinter der Bergstation der Kabinbanan beginnt ein markierter Weg über das felsige Gelände hinauf zum Gipfel. Die Markierungen bestehen aus Holzpfählen mit einem weißen Pfeil auf schwarzem Grund und leiten Sie durch die Felsen nach oben. Trittspuren gibt es auf dem steinigen Untergrund kaum, Sie müssen sich an den Markierungen orientieren oder eigene Wege suchen.

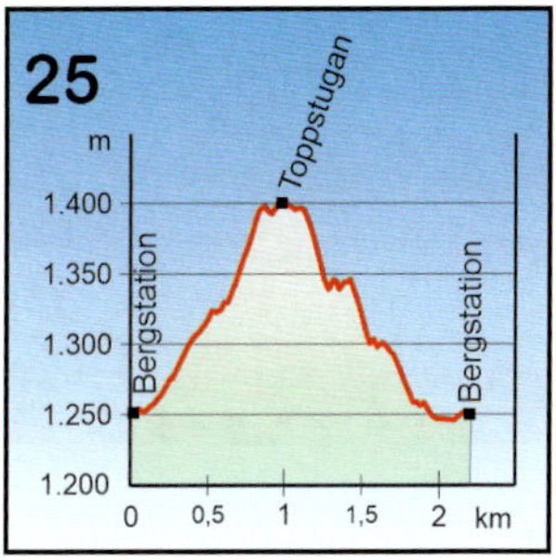

Mit Hunden kann es einfacher sein, gleich dem weiß-rot-weiß markierten Bergsteig 214 zu folgen, der ebenfalls auf den Gipfel führt.

Das Gelände steigt leicht an, ab und zu muss man beim Klettern über Felsstufen die Hände zu Hilfe nehmen. Manche Wegabschnitte sind geröllig, der Weg ist aber nicht ausgesetzt. Trittsicherheit ist von Vorteil.

Nach 700 m stößt die Aufstiegsroute auf den Bergsteig 214. Wenn Sie von der Kletterei genug haben, können Sie hier auf den etwas bequemeren, aber sehr gerölligen Steig wechseln. Weiter über die Felsen kletternd erreichen Sie 1 km nach dem Start den Gipfel.

Auf einer hölzernen Aussichtsplattform haben Sie einen fantastischen Rundumblick bis hin zu fernen Fjälls wie dem Sylarnamassiv. Auch den Tännforsen, der einen Abstecher wert ist (☞ Ende der Wegbeschreibung), können Sie in der Tiefe erkennen.

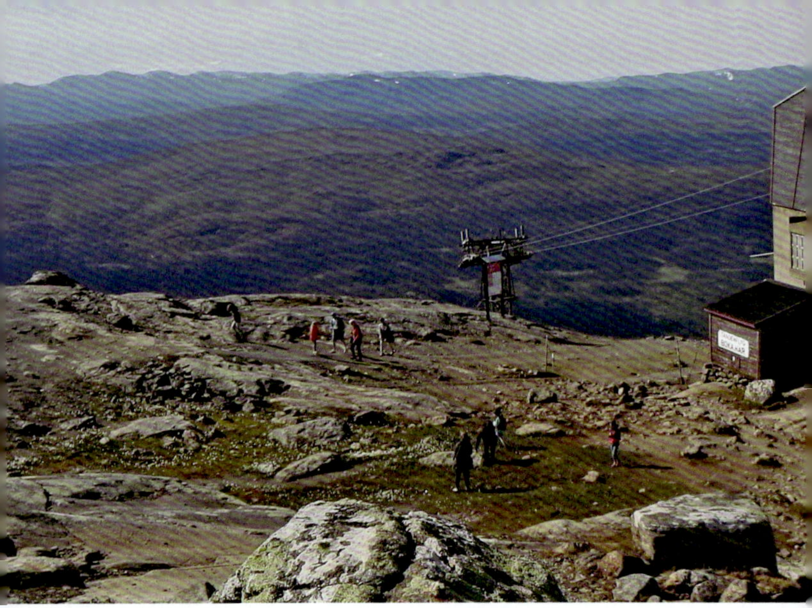

Die Toppstugan wirbt damit, Schwedens höchstgelegenes Café zu sein. Die mit Schaffellen belegten Bänke der gemütlichen Einrichtung laden zur Rast mit Waffeln, Kaffee oder einer Renklämma, einem klassischen *smörgås* (einer Art Butterbrot aus dünnem Fladenbrot (*tunnbröd*), geräuchertem Rentierfleisch, Meerrettich und Butter) ein. Rund um die Toppstugan findet man aber auch genügend Rastplätze auf den Felsen, von denen man die Aussicht während eines kleinen Picknicks genießen kann.

♦ ☏ +46/(0)7 02 45 50 53, in der Saison täglich, aber wetterabhängig 11:00-15:00

Zum Abstieg können Sie dem markierten Weg 214 folgen, der etwas leichter zu gehen ist, aber auf langen Strecken über Geröll führt. Am Startplatz für Paraglider vorbei gelangen Sie wieder zur Bergstation der Kabinbanan, in der es das Café Basecamp und ein WC gibt. Hinweisschilder weisen allerdings darauf hin, dass die Wasserversorgung hier oben schwierig ist und man lieber die Toilettenanlagen in der Talstation besuchen sollte.

Die Kabinbanan bringt Sie nach diesem Ausflug in die alpine Fjällwelt dann wieder hinunter nach Åre.

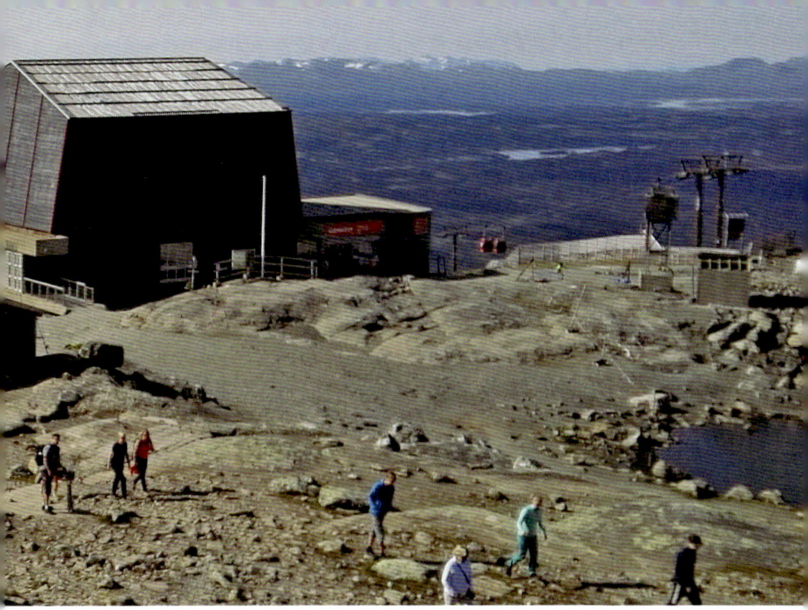

Bergstation

☺ Der Åreskutan ist im Sommer auch ein beliebtes Ziel für Downhill-Fahrer. Mehrere ausgebaute Trails führen von den Bergstationen verschiedener Bergbahnen hinunter nach Åre. Sportgeschäfte decken den Bedarf an Radsportartikeln und Radverleih ab.

Im Winter sind viele Skifahrer unterwegs, denn hier befindet sich eines der bekanntesten schwedischen Gebiete für Abfahrtslauf.

☺ Wenn Sie von Åre aus auf der E14 weiter in Richtung Ånn fahren, gelangen Sie an eine Kreuzung, an der „Tännforsen“ beschildert ist. Es handelt sich hier um einen der schönsten und mächtigsten Wasserfälle Schwedens, der den See Tännsjön mit dem 37 m tiefer gelegenen See Östra Noren verbindet. Auf 60m Breite stürzen hier gewaltige Wassermassen in die Tiefe, ein beeindruckendes Schauspiel, das einen Abstecher wert ist. Die von dem Fall ausgehenden Wassernebel und die dabei entstehende hohe Luftfeuchtigkeit haben im angrenzenden Wald gute Bedingungen für Tiere und Pflanzen geschaffen, die sich in dieser Umgebung wohlfühlen.

26 Über die Moore am Ånnsjö

Tour für Vogelbeobachter, Beerensammler und Liebhaber offener Landschaften

Diese Tour führt Sie in ein völlig anderes Gelände als die üblichen Fjällwanderungen. Obwohl Sie auf einer Höhe von ca. 530 m wandern, hat der Weg nur einen Höhenunterschied von ca. 30 m. Sie laufen in der unendlich scheinenden Weite der Moore rund um den Ånnsjön, in der sich fantastische Fernblicke ergeben. Fast der komplette Wanderpfad ist mit Stegen versehen, sodass Sie trockenen Fußes durch das Moor gehen können. Mit etwas Glück und zur richtigen Zeit lassen sich hier von Beobachtungstürmen und Verstecken aus Wasservögel beobachten. Im Spätsommer, wenn das Gelände außerhalb der Stege nach der Brutzeit wieder freigegeben ist, bedeckt ein Meer von reifen Multbeeren (hjortron) den Boden, ein Eldorado für Beerensammler.

Start/Ziel: Parkplatz hinter der Bahnstation Ånn, GPS N 63°19.204´ E 012°32.140´

5,4 km

1 Std. 30 Min.

27 m/27 m

520-550 m

Wanderpfad, fast völlig mit Stegen versehen

Wegweiser, anfangs Holzpfähle mit blauem Ring

Rastmöglichkeiten mit Sitzgarnitur bei Nätaholmen (km 0,8) und Dolparna (km 2,9)

WC Trockentoiletten am Parkplatz (Start/Ziel) und an den beiden Rastplätzen

Auch Kinder halten gerne Ausschau nach Tieren. Das Beobachten aus einem Versteck heraus oder von Türmen aus kann sehr interessant sein.
Achten Sie darauf, dass Ihre Kinder auf den Stegen bleiben!

Hunde müssen in der Lage sein, längere Zeit auf den nicht sehr breiten Holzbohlen laufen zu können.

P Hinter der Bahnstation liegt eine Parkfläche, die allerdings nur wenigen Fahrzeugen Platz bietet. Die Anfahrt erfolgt von der E14 aus. Biegen Sie in Ånn ab und folgen Sie der Beschilderung „Ånnsjöns Fågelskyddområde“. Sie überqueren die Bahnlinie und biegen direkt dahinter nach rechts ab. Der beschilderte Kiesweg bringt Sie zum Parkplatz.

Der Bahnhof in Ånn (ca. 200 m vor dem Start) liegt an der Strecke Sundsvall–Trondheim. Fahrpläne und Preise finden Sie unter www.norrtag.se.

An der Bahnstation befindet sich auch eine Bushaltestelle. Fahrpläne und Preise finden Sie unter ltr.se

Die Tour kann bis zum Vogelbeobachtungsturm Halsenmossen erweitert werden.

Die Wanderung beginnt an der Parkfläche, wo Sie dem Kiesweg in Richtung des Moors folgen. Bald gelangen Sie an einen Wegweiser, der die Abstände zu verschiedenen Beobachtungsverstecken (*gömsle*) und Beobachtungstürmen (*fågeltorn*) angibt. Von hier an wandern Sie über Stege, zunächst auf breiten Bohlen, die auch für Rollstühle und Kinderwagen geeignet sind.

Bald erreichen Sie das erste Versteck, eine Holzhütte im Birkenwald ❶ (km 0,2), von der aus man durch schmale Schlitze auf einen Teich blickt. Erste Wasservögel zeigen sich hier. Am zweiten Beobachtungspunkt endet der breite Ausbau des Weges, er wird zu einem schmalen Bohlensteg. Der Pfad führt weiter durch Birkenwald und Feuchtwiesen. Kleine Wasserläufe werden gekreuzt. Holzpfähle mit blauer Farbmarkierung markieren den Weg.

Dann verlässt der Pfad den Wald und Sie laufen im offenen Moorgelände mit weiten Blicken zu den Fjälls in der Ferne. Bei km 0,7 erreichen Sie eine Weggabelung ❷. Halten Sie sich links und folgen Sie der Beschilderung zum Vogelturm Nätaholmen, den Sie nach ca. 200 m in einem kleinen Birkenwäldchen erreichen.

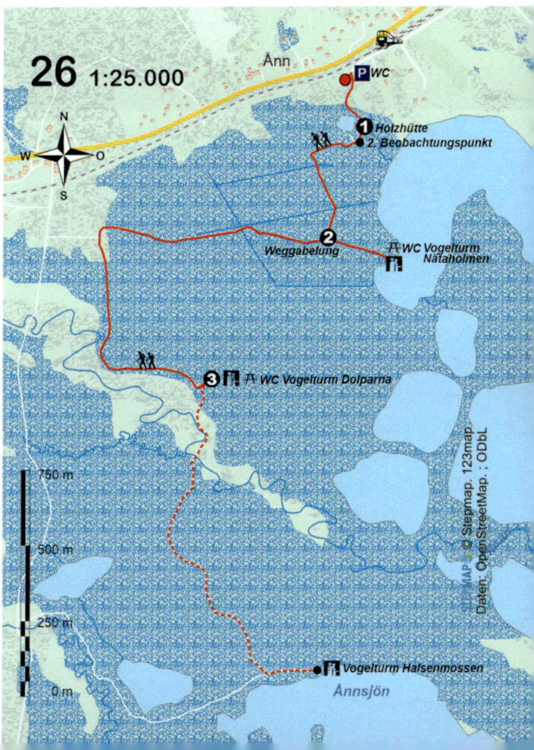

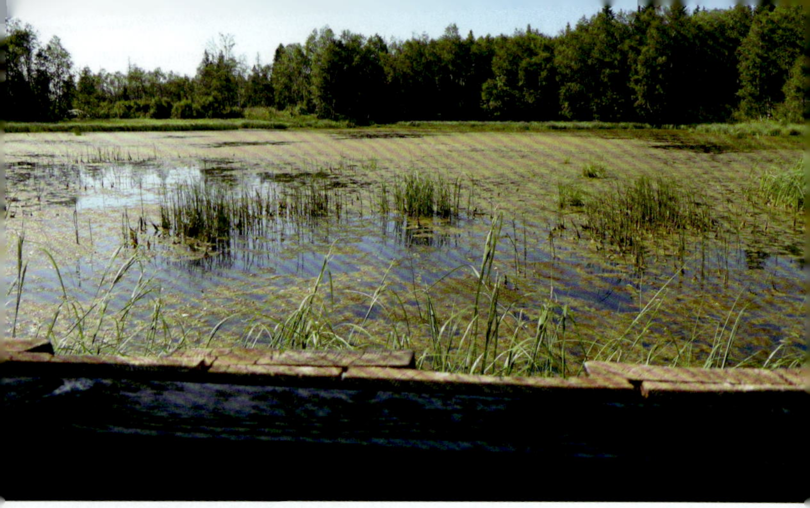

Blick aus einem Beobachtungsversteck

Hier finden sich eine Trockentoilette und ein hoher Holzturm mit Sitzgelegenheiten auf der Beobachtungsplattform. Dort oben hat man einen weiten Blick über den Ånnsjön und die umliegenden Moore. Mit etwas Glück kann man während der Brutzeit viele Wasservögel beobachten.

Die beste Beobachtungszeit ist im Juni. Etwa 100 Vogelarten brüten hier, darunter verschiedene Entenarten, Odinshühnchen, Sumpfläufer, Sterntaucher und der große Brachvogel. Außerdem werden der See und die umliegenden Feuchtgebiete von durchziehenden Wasservögeln als Rastplätze genutzt. In Handöl gibt es eine Beringungsstation, die in der Regel von Anfang Juni bis Ende August bemannt ist. Hier gibt es Beobachtungsmöglichkeiten und Information.

Informationen erhalten Sie unter www.annsjon.org.

Gehen Sie dann wieder zurück zu der Weggabelung ❷ und laufen Sie weiter in Richtung Dolparna. Der Pfad verläuft oft im offenen Moor, dazwischen durch kleine Birkenhaine, in denen es keine Stege gibt und der Weg oft voller Wurzeln ist.

Auf den freien Flächen weitet sich die Landschaft und Sie haben ungehinderte Fernblicke hinüber nach Sylarna, das in der Ferne aus den Wäldern ragt. Kleine Tümpel und Wollgraswiesen säumen den Weg, das Moor wird zunehmend nasser. In einem Abschnitt verschwinden die Holzplanken im hüfthohem Gras. Sie laufen durch ein wahres Grasmeer und müssen den Weg oft sorgsam suchen. Ein Fehltritt bringt hier mit Sicherheit nasse Füße mit der Gefahr des Einsinkens.

Weiter geht es abwechselnd durch Waldstücke oder Freiflächen bis zu einem weiteren Wegweiser, der noch 700 m bis zum Vogelturm Dolparna angibt. Am Rande eines Wäldchens laufen Sie weiter über das Moor, das hier auf großen Flächen mit dicht wachsenden Multbeeren bedeckt ist. Ein Schild weist darauf hin, dass die Flächen erst ab dem 31. Juli betreten werden dürfen, weil dann die Brutzeit endet. Danach darf man hier die begehrten Multbeeren sammeln. Dann trifft man hier oft Beerenpflücker.

Der Pfad verschwindet im Gras

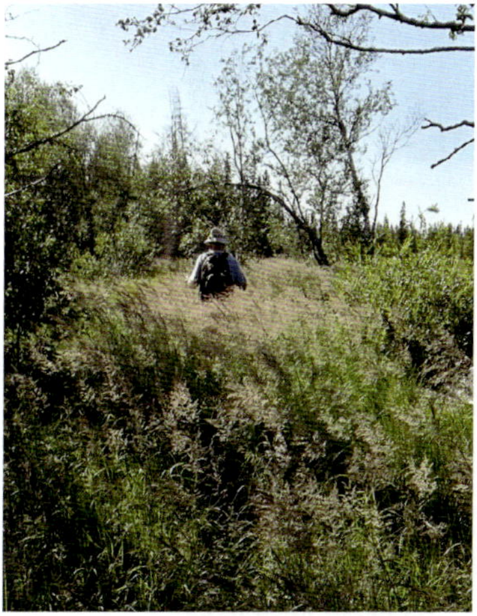

Über einen nun teilweise auf Stelzen geführten Weg gelangen Sie zu dem zweiten Beobachtungsturm Dolparna ❸ (km 2,9).

Auch hier finden Sie eine Trockentoilette und Sitzgelegenheiten zum Rasten. Ein hoher Holzzaun verhindert, dass Besucher von den Vögeln im Moor gesehen werden, die sich dadurch gestört fühlen könnten. Der Turm hat eine geschlossene Aussichtsplattform, von der aus man durch Sehschlitze gute Sichtmöglichkeiten über das freie Moor hat.

Wenn Sie die Tour erweitern wollen, können Sie noch den Vogelbeobachtungsturm Halsenmossen anlaufen, der etwa 1,3 km weiter liegt.

Auf dem Rückweg nehmen Sie denselben Weg, auf dem Sie hergekommen sind, und folgen dabei der Beschilderung „Parkering Ånn", damit Sie auch wieder auf dem richtigen Parkplatz landen.

Buchtipps aus dem

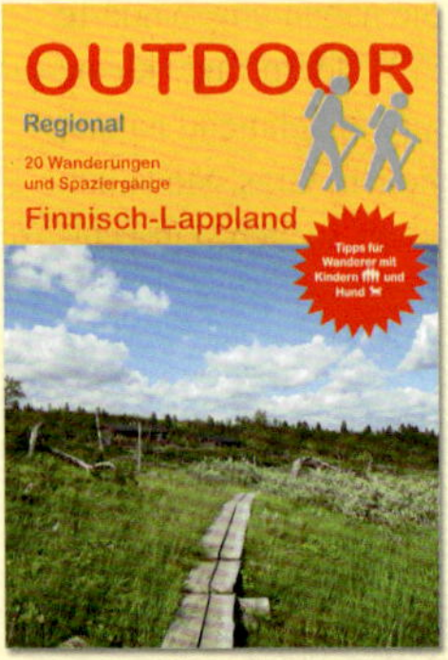

Finnisch-Lappland
20 Wanderungen und Spaziergänge

Bettina Dauch
OutdoorHandbuch Band 348
Regional
156 Seiten ▸ 78 farbige Abbildungen
29 farbige Karten ▸ 17 farbige Höhenprofile

ISBN 978-3-86686-359-0

>> **finnweh**: *„mit sehr viel Liebe zum Detail und Freude am Wandern geschrieben"*

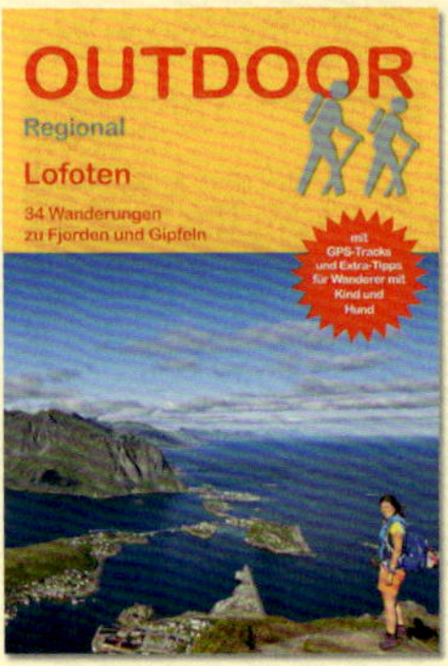

Lofoten · 34 Wanderungen zu Fjorden und Gipfeln

Markus und Janina Meier
OutdoorHandbuch Band 422
Regional
160 Seiten ▸ ca. 50 farbige Abbildungen
ca. 34 farbige Karten und Höhenprofile

ISBN 978-3-86686-576-1

Neuauflage 2021

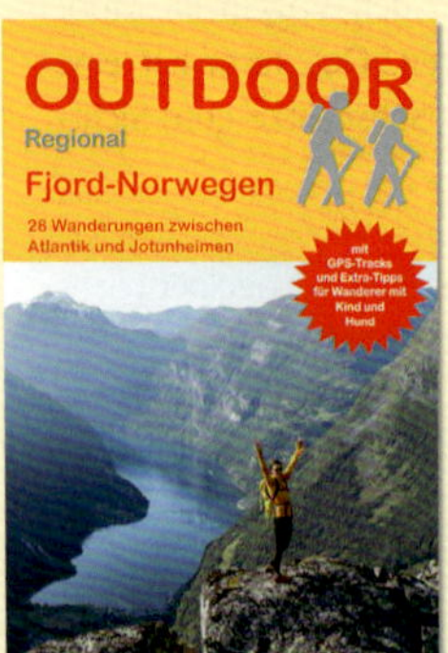

Fjord-Norwegen · 28 Wanderungen zwischen Atlantik und Jotunheimen

Erik Van de Perre
OutdoorHandbuch Band 306
Regional
160 Seiten ▸ ca. 55 farbige Abbildungen
ca. 28 farbige Karten und Höhenprofile

ISBN 978-3-86686-499-3

Neuauflage 2021